Ullrich Auffenberg

Freut euch
Weihnachtsgedanken für die Seele

Ullrich Auffenberg

Freut euch

Weihnachtsgedanken für die Seele

BONIFATIUS

Bibliografische Information der Deutschen Nationalbibliothek:
Die Deutsche Nationalbibliothek verzeichnet diese Publikation in der
Deutschen Nationalbibliografie; detaillierte bibliografische Daten
sind im Internet über
http://dnb.d-nb.de abrufbar.

Klimaneutrale Produktion.
Gedruckt auf umweltfreundlichem, chlorfrei gebleichtem Papier.

Bibelzitate wurden, wenn nicht anderweitig gekennzeichnet,
folgender Bibelausgabe entnommen:
Einheitsübersetzung der Heiligen Schrift, vollständig durchgesehene und
überarbeitete Ausgabe, © 2016 Katholische Bibelanstalt GmbH, Stuttgart.

© 2022 Bonifatius GmbH Druck | Buch | Verlag, Paderborn
Alle Rechte vorbehalten. Das Werk darf – auch teilweise – nur mit Genehmigung des Verlags wiedergegeben werden, denn es ist urheberrechtlich geschützt.

Umschlaggestaltung: Melanie Schmidt, Bonifatius GmbH
Umschlagabbildung: EvgeniiasArt/AdobeStock
Satz: Bonifatius GmbH, Paderborn
Druck und Bindung: CPI books GmbH, Leck
Printed in Germany

ISBN 978-3-89710-931-5

Weitere Informationen zum Verlag:
www.bonifatius-verlag.de

Inhalt

Vorwort

Weihnachten ist
Wende-Zeit
Geschenkte Zeit
Unsere Zeit

Ohne Weihnachten wäre der Winter nicht auszuhalten. In der dunkelsten Zeit des Jahres braucht der Mensch Lichterketten, illuminierte Bäume, angestrahlte Christkindlmärkte, das Kindchen in der Krippe, die Glocken, die süßer nicht klingen als zu dieser Zeit und zu Gottesdiensten einladen.

Dieses Buch will zeigen, dass Weihnachten die Sehnsucht des Menschen nach der *Wende* vom Dunkel zum Licht verdichtet. Das Brauchtum und die Rituale symbolisieren das Bedürfnis nach einer absoluten Geborgenheit, die die oft rauen und kalten Erfahrungen des Lebens transzendieren kann.

‚Ohne das Geschenk eines Gegenübers im DU eines anderen wäre bei uns in Simbabwe/Afrika das Leben nicht zu ertragen.‘ So hat sinngemäß im Oktober 2021 die Friedenspreisträgerin des deutschen Buchhandels, Tsitsi Dangarembga, bei ihrer Dankesrede in der Frankfurter Paulskirche gesagt. Tsitsi Dangarembga, die selbst Verfolgte des Militärregimes in Simbabwe ist, hat auf die afrikanische Lebensphilosophie *„Ich bin, weil du bist"* hingewiesen. Kein Mensch könne ohne andere Menschen überleben. Darum sei das Wohl des anderen immer gleich wichtig wie das eigene. Weihnachtszeit ist *geschenkte Zeit*, weil Gott im DU Mensch wird.

Ohne Gemeinschaft und Wir-Gefühl hätten viele Menschen seelisch in den letzten fast drei Jahren die schlimmsten Zeiten der Corona-Pandemie auch in unserem Lande nicht überlebt. Das gilt erst recht für die Menschen in brutalen Kriegen wie in der Ukraine. Diese Zeit ist *unsere Zeit*.

In diesem Buch werden bisweilen dunkle Erfahrungen geschildert, die dadurch ins Licht rücken, weil ein DU, ein Mensch und eine Gottesbegegnung aufleuchten. Dieses innere Aufleuchten nennt die Bibel FREUDE.

Vielleicht finden Sie sich ja in der ein oder anderen Geschichte mit eigenen Lebenserfahrungen wieder. Darum wünsche ich Ihnen das Vertrauen in die Menschwerdung der Liebe Gottes, nicht nur am 25. Dezember, sondern an jedem Tag Ihres Lebens.

> „Seid nicht bekümmert;
> denn die Freude am
> HERRN ist eure Stärke."
> (*Nehemia 8,10*)

Darf man das?

Darf man von Freude sprechen, nachdem Jahre der Pandemie hinter uns liegen und oft jeden Spaß verboten haben?

Darf man im Sinne dieses Buchtitels sagen „Freuet euch" mit den Bildern im Kopf von dem brutalen Tyrannen, der einen mörderischen Krieg entfesselt hat, der bis heute Grauen bringt über so viele Menschen, die ihre Heimat, ihre Wohnungen, ihr Hab und Gut und oft sogar die Gesundheit und das Leben verloren haben?

Dürfen wir Weihnachten feiern inmitten einer Welt, die knistert, bedroht und zerrissen ist, von der wir kaum wissen, wie die Zukunft wird, ob wir weiterhin zum großen Teil nur Zuschauer der Katastrophen bleiben oder sogar selbst hineingezogen werden?

Mir fällt in dieser Ratlosigkeit einer der größten Komponisten der Weltgeschichte ein, Johann Sebastian Bach, der um 1735 sein Weihnachtsoratorium geschrieben hat.

Bach war in dieser Zeit schon umzingelt von Tod und Leid. Bereits als Kind von zehn Jahren war er Vollwaise geworden, hatte innerhalb eines Jahres Vater und Mutter und zuvor schon zwei kleinere Geschwister be-

9

erdigen müssen. Seine erste Frau starb im Kindbett. Von insgesamt neunzehn Kindern starben zehn vor ihm. Und trotzdem frohlocken, jubeln und jauchzen im Weihnachtsoratorium die Scharen der Engel und Menschen und können gar nicht damit aufhören.

Wohl anlässlich einer Begräbnisfeier komponiert er dann die Motette „Jesu meine Freude". Darin heißt es sinngemäß: „Wie gut, dass ich Jesus habe, der mich festhält, wenn ich krank und traurig bin."

Offensichtlich rettet sich Bach aus diesen ständig reaktivierten Kindheitstraumen des Verlassenwerdens in die Musik. Sie rettet ihn, weil sie für ihn nicht nur Kunst ist, sondern Vergegenwärtigung der absoluten Liebe Gottes im menschgewordenen Jesus. Sie ist Schau in das Paradies. Mehr noch, Bach fühlt sich in dieser Musik selbst im Paradies und seinen lieben Verstorbenen verbunden. „Glück ist für Bach Vereinigung mit dem Göttlichen", sagt Luise Reddemann, eine der profiliertesten Trauma- und Resilienzforscher*innen unserer Zeit. Sie stellt J. S. Bach als Vorbild und seine Musik als resilienzstärkenden Weg für Menschen in schweren Lebenssituationen dar.

Als ich in einem Vortrag davon erzählte, kam eine Frau auf mich zu und erzählte: „Nach dem plötzlichen Tod meines Mannes haben wir wochenlang jeden Tag Cantaten von Bach gespielt. Das hat uns am meisten getröstet."

Die Musik J. S. Bachs rettet bis heute viele Menschen in tiefsten Erfahrungen von Verzweiflung oder Trauer. Langgestreckt auf seiner Pritsche im Gestapogefängnis meditiert z. B. D. Bonhoeffer in seinen endlosen Nächten die Mottete „Jesu meine Freude" und schreibt später einem Freund aus der Haft: „Ohne die Freude an dem Mensch gewordenen und auferstandenen Sohn Gottes geraten wir ins Murren, in den Widerspruch, in die Traurigkeit. Wie finden wir aber solche Freude? Allein durch den festen Glauben: Jesus lebt!"

Diese Gedanken machen deutlich, dass Freude mehr ist als Spaß. Sie ist eine innere Grundbefindlichkeit, die sich aus dem Tiefenbereich unserer Seele speist, in dem Gott ein- und ausgeht.

Darum feiern wir Weihnachten, damit alles Menschliche göttlich durchwirkt ist. Gott ist im Menschen und auf dem Grund unserer Seele anzutreffen.

Als ich im Krankenhaus einmal eine Patientin besuchte, die eine lange, riskante Gehirnoperation überstanden hatte, sagte sie den Satz: ‚Christus war auch da.' Das ist das Weihnachtsversprechen, mit dem wir leben, leiden, hoffen, sterben, uns freuen: Gott ist da, wo wir sind.

Aber was hilft dieses Versprechen denen, die heute vor Bomben und Panzern sich verstecken, in Hunger- und Dürregebieten leben oder einer tödlichen Krankheit ins Auge sehen müssen? Und wie können wir, die wir oft ohnmächtige Zuschauer vor dem Bildschirm sind, helfen? Bach würde vielleicht antworten: Indem wir uns miteinander verbinden und das Leben teilen in der Musik, dem Aneinanderdenken, in gemeinsamen Gebeten, Demonstrationen auf der Straße, dem Spenden von Ressourcen.

Ich denke dabei an das Beispiel von Peter Steudtner, dem Menschenrechtsaktivisten, Mitglied von Amnesty International, der im Juli 2017 während eines Seminars zusammen mit türkischen Menschenrechtsaktivist*innen in Istanbul verhaftet wurde und einige Monate im Gefängnis verbrachte. Steudtner ist Mitglied der evangelischen Gethsemane-Gemeinde in Berlin. Eine Gemeindegruppe „Wachet und Betet – Freiheit Jetzt!" versammelte sich in jenen Monaten und seitdem jeden Tag um 18.00 Uhr zu Gebeten und Liedern, die zur gleichen Zeit im Gefängnishof auch Peter Steudtner sang.

In einem Brief von 13. Oktober 2017 aus dem Gefängnis gab Peter Steudtner zu erkennen, wovon er lebte in jenen Tagen:

„100 Tage bin ich jetzt im Gefängnis.
Das sind 100 Tage eure Kraft und Solidarität spüren über Gefängnismauern hinweg,
100 Tage, fern von den Meinen,
Maschendraht über dem Hof,
Marathon laufen auf 5 x 7 Meter,
Videoüberwachung im Hof und bei Besuchen,
wachet und betet und andere Andachten mit euch,
Unsicherheit, wie lange geht das noch so?
Fremdbestimmt, Unfreiheit
aber Gedankenfreiheit durch euch."

Darf man das? Ja, wir dürfen uns festmachen in der Grundbefindlichkeit unserer Freude. „Denn die Freude am Herrn ist unsere Stärke."

Wende-Zeit

„Das Wesentliche wird nicht nach Menschenart gezeugt;
das Wesentliche wächst ganz aus innen,
angeregt und geweckt von der Sanftheit der Liebe."

(E. Drewermann)

Das größte Lied

Da ist eine junge Frau, vielleicht 13 oder 14 Jahre alt, in einem Land, in dem Frauen keinerlei Recht auf eigene Identität oder Selbstbestimmung hatten. Ihr aramäischer Name ist Miriam, Maria in unserer Sprache. Sie ist unverheiratet und erwartet plötzlich ein Kind, das auf unerklärliche Weise gezeugt wurde. Sie muss furchtbare Angst gehabt haben. Denn eine solche Frau musste nach damaligem Recht mit der Todesstrafe rechnen, wie heute noch Frauen in Ländern, in denen die Scharia gilt, z. B. bei den Taliban in Afghanistan oder Pakistan.

Die Verzweiflung wird sie in die Wüste getrieben haben, auf einen unendlich gefährlichen und beschwerlichen Weg, an dem es von Giftschlangen, wilden Tieren, Gaunern und Räubern nur so wimmelt. Ihr Ziel ist die Cousine und Freundin Elisabeth, die selbst ein Kind erwartet. Freundinnen haben keine Vorurteile; die mögen sich. Elisabeth geht auf Maria zu, umarmt sie, schafft Raum für eine innige Begegnung im Herzen. Da erwacht Leben. Elisabeth jubelt: „Als ich Deinen Gruß hörte, sprang das Kind vor Freude in meinem Bauch.

Gesegnet bist Du unter allen Frauen und gesegnet ist das Kind, das in Dir wächst ... Glückselig, die geglaubt hat, dass sich erfüllt, was ihr versprochen wurde." (Lk 1,41ff)

Diese Worte, diese Anerkennung, dass ihr Kind und sie selbst niemals unrechtmäßig sein können, sondern Gottes Größe in die Welt bringen, bewirkt in Maria eine unglaubliche Wende, die Wende zum Glauben an sich selbst und ihr Kind.

Aus einem ängstlichen, schüchternen Mädchen wird von jetzt auf gleich eine selbstbewusste, furchtlose Frau, die ein Lied singt, von dem Dietrich Bonhoeffer sinngemäß sagte, es sei das leidenschaftlichste, wildeste, ja man möchte fast sagen revolutionärste Adventslied, das je gesungen wurde. Es sei nicht eine sanfte, zärtliche, verträumte Maria, wie wir sie auf Bildern sehen, sondern eine leidenschaftliche, hingerissene, stolze, begeisterte Frau, die hier spricht. Es ist ein hartes, starkes, unerbittliches Lied von stürzenden Thronen und in die Wüste geschickten Diktatoren und Ausbeutern ...

> Meine Seele preist die Größe des Herrn,
> und mein Geist jubelt über Gott, meinen Retter.
> Denn auf die Niedrigkeit seiner Magd hat er geschaut.
> Siehe, von nun an preisen mich selig alle Geschlechter.
> Denn der Mächtige hat Großes an mir getan,
> und sein Name ist heilig.

Er erbarmt sich von Geschlecht zu Geschlecht
über alle, die ihn fürchten.
Er vollbringt mit seinem Arm machtvolle Taten:
er zerstreut, die im Herzen voll Hochmut sind;
er stürzt die Mächtigen vom Thron
und erhöht die Niedrigen.
Die Hungernden beschenkt er mit seinen Gaben
und lässt die Reichen leer ausgehen.
Er nimmt sich seines Knechtes Israel an
und denkt an sein Erbarmen,
das er unsern Vätern verheißen hat,
Abraham und seinen Nachkommen auf ewig.

(Lk, 1,46-55)

Was war für Maria so überwältigend, dass sie in einem
einzigen Augenblick die Kehrtwende ihres Lebens voll-
zieht und sozusagen ein Revolutionslied singt? Vielleicht
ist es die Erkenntnis, dass nicht Urteile und Vorurteile,
menschengemachte demütigende Gesetze und Strafen
das letzte Wort haben, sondern die innere Souveränität,
die Resilienz, die Widerstandskraft, die aus der Begegnung mit dem Göttlichen kommt.

Eugen Drewermann merkt an, dass dies nicht nur
eine Geschichte über eine biologische Schwanger-
schaft und Geburt ist. Verstehen wir die Geschichte
symbolisch, dann heißt es auch: „Das Wesentliche
wird nicht gezeugt nach Menschenart ... Das Wesentliche wächst ganz aus innen heraus, angeregt und geweckt von der Sanftheit der Liebe." (*Das Lukasevangelium* s.o.)

Aus dieser Erkenntnis heraus definiert Maria in diesem Lied, das wir *Magnificat* nennen, was wesentlich ist. Das Lied klingt wie eine gewaltlose Revolution, für die das Kind steht, und die diesem Kind zum Schmerz der Mutter später brutalste Folter und den schrecklichsten aller Tode einbringen wird.

Oben wird unten, und unten wird oben, singt sie.

Was sind das für Sätze!

‚Erbarmen wird sich dieser Gott durch alle Generationen der Menschheit.‘ Erbarmen steht für Mütterlichkeit, für Herz. Barmherzigkeit ist wichtiger als das Gesetz. So zitiert ziemlich oft Papst Franziskus den Apostel Jakobus.

„Er zerstreut die Hochmütigen …“, die Überheblichen, die Arroganten. Psychologisch gesehen ist Überheblichkeit ein Verzweiflungsakt eigener Minderwertigkeitsgefühle. Die Angst, nichts wert zu sein, führt dazu, sich aufzublähen und über andere zu erheben. Du hast diese Maskerade nicht nötig, singt Maria. Vor Gott bist du immer schon ganz oben.

Dann singt sie: „Die Mächtigen stürzt er vom Thron …“ Wie sehr wünschten wir uns, dass er die Lukaschenkos, Kims, Assads, Putins, Erdogans dieser Welt … endlich von ihren Sockeln holt.

Auch ergriffen von diesem Lied setzen in der ganzen Welt Dissidenten, also Menschen, die „im Widerspruch stehen“, ihr Leben aufs Spiel, z. B. in Nordkorea, China, Belarus etc. Ergriffen von diesem Lied haben in Lateinamerika, in Afrika und Asien Christen ihr Leben für eine gerechtere Welt vergossen, all die Märtyrer gegen Kolonisation und wirtschaftliche Neokolonisation, gegen Apartheit und wirtschaftliche Ausbeutung.

An mich, der ich im sicheren Land lebe, stellt dieses Lied die Frage: „Wem baue ich einen Thron in meinem Herzen, wem gebe ich Macht über mich, den Urteilen der Leute, dem Konsum, der Anpassung an die Opportunisten oder dem, was ich für mich als Wahrheit, als Identität erkannt habe? Wo ist mein Mut?"

Und eine letzte Strophe: ‚Reiche werden leer ausgehen, Hungernde werden beschenkt.' Reiche Menschen haben ihre Sehnsucht nach Glück oft ins Materielle verlegt. Das macht gieriger, süchtiger, unerfüllter. „Je voller der Taschen, desto leerer die Seelen", sagt ein Sprichwort. Glücklich sind letztlich die, die hungern nach Gemeinschaft, Zuwendung, Geborgenheit.

Dieses Lied der Maria, das täglich in unzähligen christlichen Gottesdiensten gesungen wird und das jeden Abend in der Vesper mein Pflichtgebet als Priester ist, gilt als das größte Lied der Christenheit. Es greift die wichtigsten Anliegen der Psalmen des Alten Testaments auf und verdichtet wie in einem Brennglas die Botschaft und das Leben Jesu. Darum bete ich es täglich gerne, nicht nur für mich, sondern für alle Menschen in meiner Gemeinde und all die, die von diesem Lied und der Botschaft Jesu begeistert gerade jetzt, in diesem Moment, ihre Freiheit und ihr Leben riskieren.

„Immer noch werden Hexen verbrannt,
auf den Scheiten der Ideologie,
irgendwer ist immer der Böse im Land ...
heute hasst man modern."
(Konstantin Wecker)

Reiß die Himmel auf

Dies ist die Geschichte eines uralten Adventsliedes, geschrieben von einem Mann mit einem großen Herzen
und einem tiefen Glauben. Der Mann wurde nur 44
Jahre alt; Friedrich Spee von Langenfeld, so sein Name,
ist bereits seit 387 Jahren tot, aber sein Lied ist unsterb-
lich: „O Heiland, reiß die Himmel auf ..."

Es war Nacht geworden über Deutschland und ganz
Europa. Der Himmel und alles Leben hatte sich ver-
finstert. Es tobte der 30-jährige Krieg und gleichzeitig
der Hexenwahn. Frauen, vom jungen Mädchen bis zur
Greisin, zerrte man aus den Häusern, tausendfach, insgesamt vielleicht millionenfach. Zahllose Spezialisten,
Institute, hochgelehrte Herren waren absolut davon
überzeugt, dass der Teufel in diese hilflosen Geschöpfe
gefahren sei und die Hexengefahr deshalb ganz Europa
bedrohe.

Es gab den „Hexenhammer", ein Begründungs- und
Anleitungswerk für die Hexenprozesse, auf endloser
Folter willkürlich erpresste Geständnisse, aus lodernden
Flammen ins Mark gehende Schreie, es gab so viele un-

schuldig Getötete, es gab … es gab alles, nur eines gab es nie: Hexen.

Der, der das zitternd, zagend, voller Angst vor der eigenen Folter aussprach, der Jesuit Friedrich Spee von Langenfeld, hatte schon mit 20 Jahren graue Haare wegen der Hexenwillkür. Er lebte u. a. in Paderborn, Peine und Trier und hat auch an diesen Orten tausende Frauen als Beichtvater im Kerker und bis auf den Scheiterhaufen begleitet.

Er schrieb darüber anonym ein Werk. „Cautio criminalis" heißt es, das er mit dem Satz beginnt: „Ich habe im Kerker so viele besucht, mit ihnen gebetet und sie auf ihrem letzten Weg zum Scheiterhaufen nicht allein gelassen. Ich sah nicht eine einzige Hexe, nur unglückliche Menschen."

Friedrich Spee von Langenfeld erleidet furchtbare Nächte. Er findet selten Schlaf. Die zu Unrecht gefolterten, gequälten und verbrannten Menschen kamen ihm jede Nacht aufs Bett. Sein ganzes Trauma ließ er einfließen in den Seufzer: „O Deutschland, Du meine Mutter, bist Du denn mit Blindheit geschlagen." Als mehr als drei Jahrhunderte später in Auschwitz und an anderen Orten Juden und andere unschuldige Opfer vergast und verbrannt wurden, da wiederholten viele diesen Seufzer.

Vielleicht ist Friedrich von Spee ja in einer seiner schlaflosen Nächte sein bekanntes Adventslied eingefallen: „O Heiland reiß die Himmel auf …"

„Reiß ab, wo Schloss und Riegel vor …"

Konkrete Frauen und bisweilen auch Männer hatte er sicher im Kopf, die in dunklen Kerkerverließen schmachteten und verzweifelten.

Was die in die unseligen Kellergefängnisse Getriebenen oder die in Viehwaggons in die Konzentrationslager Deportierten am dringlichsten spürten, ist Durst, immer wieder Durst. Das hat Spee erlebt und dichtet in Anlehnung an alte Prophetentexte:

> „O Gott ein Tau vom Himmel gieß, im Tau herab o Heiland fließ …"

Ja, es geht nicht nur um den Tropfen Wasser, nach dem die Zunge brennt, sondern auch um den, der all die Ängste, Tränen, Klagen, Hilferufe lindern kann und Erlösung und Gerechtigkeit bringt, vielleicht in letzter Sekunde aus der Verzweiflung befreit.

Nach Aussagen von Opfern, die solche extremen Leidenssituationen durchgemacht haben, ist häufig die schlimmste Erfahrung die der Entwürdigung und Demütigung. Sie wurden in den Dreck getreten. In der Gedenkstätte für die KZ-Opfer auf der Wewelsburg bei Paderborn erzählen ehemalige Häftlinge davon. Bei zehn Grad Kälte mussten sie sich auf dem Appellplatz auf den Boden legen und die Wachsoldaten liefen über sie hinweg oder traten auf sie ein. Spee fasst das in den Vers:

> „O Erd, schlag aus, schlag aus o Erd,
> dass Berg und Tal grün alles werd."

Letzte Hoffnung wünschte er möglicherweise für die Opfer, und sei es, dass die Erde sie in sich berge. Hilflos musste der Jesuit mit ansehen, wie die leiblich und seelisch Geschändeten an den Pfahl gebunden und bei lebendigem Leib verbrannt wurden. Mit flackerndem Blick, so schreibt er, schauten die Frauen den Beichtvater an in ihrer Todesangst.

Nie gibt es zwischen Menschen eine innigere, tiefere und traurigere Augensprache als in solcher Not. Vielleicht drückt sie sich aus in diesen Versen Spees:

> „Wo bleibst du Trost der ganzen Welt …? Hier leiden wir die größte Not, vor Augen steht der ewig Tod, ach komm und führ uns mit starker Hand vom Elend zu dem Vaterland …"

Die Cauito criminalis des mutigen, sein Leben riskierenden Friedrich von Spee, gab den entscheidenden Impuls, dass die Hexenverfolgung langsam in Deutschland und Europa zum Erliegen kam.

Was geht uns die Geschichte heute an? Konstantin Wecker schreibt in einem seiner Lieder: „Immer noch werden Hexen verbrannt, irgendwer ist immer der Böse im Land. Immer suchen Gesellschaften Sündenböcke, die schuld sind an den Leiden und Katastrophen."

Zu Spees Zeiten waren es die Frauen und die Hexer, und in all den Jahrhunderten immer wieder die Juden bis zum Holocaust in unserer Zeit. Und heute? Die

Randgruppen, die Obdachlosen, die Sinti, die Migranten, alle, die nicht ins Bild passen?

Aber solche Verhexungen, Verteuflungen und Verurteilungen geschehen ständig auch im ganz normalen privaten Alltag. Gerede hinter dem Rücken, Tuscheln, heimliche Verurteilungen und gnadenlose Meinungsbilder hat es immer schon gegeben. In den letzten Jahren spielen die Medien dabei oft eine besondere Rolle. „Heute hasst man modern per Television", singt Wecker. Man muss ergänzen: Per Facebook, Instagram, WhatsApp und all den „sozialen" Medien.

Die Jugendberatungsstellen sind voll mit jungen Menschen, die die Urteile und Verurteilungen bezüglich ihres Aussehens, ihrer Fähigkeiten, ihres Charakters, die sie oft täglich über Smartphone oder Tablet erreichen, nicht verkraften und daran krank werden. Fake News, täglich millionenfach versendet, entziehen auch häufig erwachsenen Menschen ihr Ansehen, ihre Würde und nicht selten sogar die ganze Existenz.

An solchen Stellen wünschte man sich, dass der Himmel sich öffnete, dass jemand ihn regelrecht aufreißt, damit endlich Klarheit entsteht. Doch der Himmel tut sich nicht plötzlich auf wie bei einem Wunder, und Gott fährt nicht herunter und räumt endlich mit all diesen Ausgrenzungen, Stigmatisierungen und Verurteilungen auf. Er kann es nur durch uns Menschen, so mutigen wie dem Jesuiten Friedrich Spee.

Etwas von diesem Mut hat er jedem von uns ins Herz gelegt. Erleben wir z. B., dass jemand so richtig durch den Kakao gezogen wird, und wir dann den Mut fassen,

Partei für ihn zu ergreifen, dann geschieht in der Regel gar nichts Schlimmes, sondern eher ein Stück Barmherzigkeit.

Woher kommt dieser Mut? Auch darauf gibt Friedrich Spee eine Antwort: Die einzige Klarheit, die wir im Leben haben, kommt aus Gott selbst, der Sonne der Gerechtigkeit, dem Stern des Friedens von Betlehem. Er gibt uns die Kraft, wenn wir auf ihn schauen, zu ihm beten, ein Stück Himmel für die Erde zu öffnen.

> „O klare Sonn, du schöner Stern,
> Dich wollten wir anschauen gern;
> O Sonn, geh auf, ohn' deinen Schein
> In Finsternis wir alle sein."

Weihnachtsgeschichte um das Jahr 0

Es begab sich aber in jenen Tagen, dass Kaiser Augustus den Befehl erließ, den ganzen Erdkreis in Steuerlisten einzutragen. Diese Aufzeichnung war die erste; damals war Quirinius Statthalter von Syrien. Da ging jeder in seine Stadt, um sich eintragen zu lassen. So zog auch Josef von der Stadt Nazaret in Galiläa hinauf nach Judäa in die Stadt Davids, die Betlehem heißt; denn er war aus dem Haus und Geschlecht Davids. Er wollte sich eintragen lassen mit Maria, seiner Verlobten, die ein Kind erwartete. Es geschah, als sie dort waren, da erfüllten sich die Tage, dass sie gebären sollte, und sie gebar ihren Sohn, den Erstgeborenen. Sie wickelte ihn in Windeln und legte ihn in eine Krippe, weil in der Herberge kein Platz für sie war. In dieser Gegend lagerten Hirten auf freiem Feld und hielten Nachtwache bei ihrer Herde. Da trat ein Engel des Herrn zu ihnen und die Herrlichkeit des Herrn umstrahlte sie und sie fürchteten sich sehr. Der Engel sagte zu ihnen: Fürchtet euch nicht, denn siehe, ich verkünde euch eine große Freude, die dem ganzen Volk zuteilwerden soll: Heute ist euch in der Stadt Davids der Heiland geboren; er ist der Christus, der Herr. Und das soll euch als Zeichen dienen: Ihr werdet ein Kind finden, das, in Windeln gewickelt, in einer Krippe liegt. Und plötzlich war bei dem Engel ein großes himmlisches Heer, das Gott lobte und sprach: Ehre sei Gott in der Höhe und Friede auf Erden den Menschen seines Wohlgefallens. (Lk, 2,1-14)

Weihnachtsgeschichte 21/22

Es begab sich …?
Es begibt sich
in diesen Tagen,
da in Syrien der Assad-Clan
immer noch Statthalter des
Cäsaren in Moskau ist und
sein Volk aufs Äußerste quält,

da machen sich Josef und Maria
und unzählige schwangere Frauen,
Kinder, Greise, Männer auf den Weg,
um nicht gezählt und ergriffen zu werden,

und es erfüllen sich die Tage:
Mütter, die Kinder gebären
in Ställen, Scheunen, Lagern ohne Wasser,
auf einem Boot im Mittelmeer
oder als Totgeburt in der Klinik;

kein Platz im Herzen der Welt;
und Engel erscheinen,
Ankündigungs-Engel
in Rom, an der UNO,
in den Kirchen der Christen;

Fürchtet euch nicht, sagen sie;
die haben gut reden;
wir fürchten uns vor so vielem,

vor den nächsten Wellen
einer unberechenbaren Pandemie,
vor dem Klima-Erstickungs-Tod,
dem Overkill, nuklearer Vernichtung,
vor Hunger, Eis und Kälte,
einer unheilbaren Krankheit und
überfüllten Intensivstationen,
Einsamkeit und Ohnmacht;

Große Freude verkünden sie.
Ach, was ist nicht schon
alles versprochen worden:
Einhaltung der 1,5-Grad-Ziele,
Heimat für die Heimatlosen,
Recht für die Entrechteten,
Wohlstand, Sicherheit und
Konzertierte Aktion, Teilen
und Bewahren der Ressourcen,

Freude, die allen Völkern zuteilwird,
Wirklich? Auch den Schwarzen,
Roten, Gelben, den Geknechteten?
Denen in den Slums, in den
geteilten Ländern, hinter Mauern?
Im endlich vereinten Deutschland,
im Weihnachtsrummel, in Dortmund
und Paderborn bei Glühweinglanz
und Oh du Fröhliche?

Heute ist der Heiland geboren;
Wer wird geheilt? Unheilbar so viele
überall auf der Welt und bei uns zu Hause,
geheilt zuerst die privat Versicherten,
in den Palästen, nicht in den Hütten.
Komm Du Heiland mit dem Rezept
für unsere hoffnungslosen Tage,
für ein bisschen mehr Gleichwertigkeit,
Ausgleich der Gegensätze und Verzeihung.

Er ist Christus, der Herr in Davids Stadt,
nicht Profiteur in den Siedlungen am Jordan,
oder Investmentbanker mit Dollar und Euro
oder Herrscher bei Google und Facebook,
nein: Friedens-Fürst, Friedens-Erster,
Arzt, Retter, König von unten,
vertrauend, nicht misstrauend,
aufbauend, nicht zerstörend,

ein Kind werdet ihr finden,
tatsächlich: ein Kind bei den Tieren,
Ochs und Esel, Ratte und Maus,
in Kälte, in Dreck, in Dunkelheit?
Engel, willst Du uns erschrecken,
damit wir aufwachen, getroffen
vom Gesang des Himmels,
auftun die Ohren und Herzen?

in Windeln gewickelt,
damit wir uns ent-wickeln,
wieder Kinder werden mit
Sehnsucht und funkelnden Augen
und fragen nach den Wundern
und Widersprüchen des Lebens,
nach Vergangenheit und Zukunft,
dem Woher und dem Wohin der Welt,
nach Geheimnissen und Abenteuern,
uns entwickeln und
wie Gott Mensch werden?

„Wer eines Menschen Leben rettet,
der rettet die ganze Welt."

(Talmud)

Der Retter ist da

Meine Mutter hat einem polnischen Zwangsarbeiter das Leben gerettet, weil der zuvor ihrem Bauernhof einen Traktor gerettet hatte. Gegen Ende des 2. Weltkriegs im April 1945 zogen versprengte SS-Trupps über die Dörfer des Paderborner Landes und konfiszierten vor allem Pferde und landwirtschaftliche Zugmaschinen. Weil ihr Bruder im Krieg vermisst war, bewirtschaftete meine Mutter ihren elterlichen Hof allein mit einigen russischen und polnischen Zwangsarbeitern. Sie behandelte diese Gefangenen wie alle anderen Menschen und ließ sie z. B. am Familientisch mitessen, was damals streng verboten war.

Als nun die SS anrückte, fühlten sich die Gefangenen mitverantwortlich für den Hof. Einer der Polen, Kasimir, baute aus dem Traktor die Batterie aus und vergrub sie irgendwo im Feld. So konnte die SS den Traktor nicht mitnehmen. Meine Mutter versteckte wiederum Kasimir tief im Keller des Fachwerkhauses in einem Brotofen.

Die SS-Männer pressten aus den anderen Gefangenen heraus, wer die Batterie ausgebaut hatte. Weil aber nur meine Mutter wusste, wo Kasimir versteckt war, bedrohten sie sie, indem sie mit ihren Maschinengewehren sämtliches Kleinvieh – Hühner, Gänse, Enten, Katzen, Schafe, Hunde – auf dem Hof niedermähten. „Wenn Sie uns nicht sofort sagen, wo das polnische Schwein steckt, geht es Ihnen wie diesen Tieren", so schrien sie sie an. Meine Mutter hielt stand, verriet den mutigen Gefangenen nicht. Unverrichteter Dinge zog die SS ab.

Heute wissen wir, wie sehr das Leben dieser Menschen am seidenen Faden hing, und wie froh sie nach dem Krieg waren, gerettet zu sein.

Es macht mich schon nachdenklich, dass ich ja auch nicht existieren würde , wenn meine Mutter diese Situation nicht überstanden hätte. Das ist meine Erkenntnis: Ich selbst bin mit gerettet, bin selber Geschenk.

Bei den ersten Weihnachtsfesten, die unsere Vorfahren nach dem Krieg feierten, war glasklar, dass das eigentliche Geschenk das Leben selbst ist. Es waren sehr bescheidene Feste, ohne Schokolade, Marzipan, Apfelsinen, Schmuck, Spielzeug und all dem Brimborium. Als Geschenke für die Kinder gab es höchstens ein paar abgebrochene Buntstifte, eine aus dem Schutt gerettete Schiefertafel, einen selbst gebastelten Roller oder ein paar Wollsocken, die Großmutter aus verschlissenen Pullovern gestrickt hatte. Dennoch wurden diese Feste intensiver erlebt als so viele Weihnachtsfeste in späteren Jahren, weil es endlich das gab, was Weihnachten ausmacht: *Frieden auf Erden*. Das war das größte Geschenk.

Aus vollem Herzen konnte man singen: „Christ der Retter ist da."

Man begriff, die wichtigsten Geschenke liegen nicht unterm Baum, die sitzen mit am Tisch, die vor den Granaten, Gewehrläufen, Lagern und Gaskammern Geretteten. Ich bin mir selbst Geschenk in der Gemeinschaft mit meinen Mitmenschen. Denn dass ich lebe und in manchen Situationen überlebt habe, ist in keiner Weise mein Verdienst, ist nicht erkauft, sondern umsonst.

Geschenkt sind die wichtigsten Dinge des Lebens auch heute, fast 80 Jahre später:

- Dass ich nach jeder Nacht einen neuen Tag erleben darf,
- dass einer mich mag, meine Traurigkeit teilt und in Krankheit die Hand hält,
- dass es immer noch Schnee gibt im Winter, und im Frühling die schönsten Gesänge der Vögel erklingen,
- dass der Wind sanft in den Bäumen blättert, und die Saat Brot und Früchte hervorbringt,
- dass Menschen da sind, die auf Intensivstationen, im Rettungsfahrzeug Menschen retten oder in Pflegeheimen für sie sorgen,
- dass nicht Bomben vom Himmel fallen, sondern Regen und Sonnenstrahlen …

… dies und noch viel mehr, alles umsonst, gratis, nicht gekauft.

Die überlebt hatten, waren damals davongekommen. Es saßen nicht nur lebendige Geschenke mit am Tisch, sondern auch eine große Traurigkeit und eine tiefe Scham: Traurigkeit über all die Freunde und Familienmitglieder, die nicht überlebt hatten, die noch vermisst oder durch Verwundungen ein Leben lang gezeichnet waren; Scham über die unsägliche Gewalt, die Deutsche über andere Völker und Rassen gebracht hatten.

Wie sollte man jetzt weiterleben, ohne zu versteinern? Es ging nicht ohne die religiöse Erfahrung der Vergebung. Ein Sprichwort sagt: „Was du am schwersten geben kannst, musst du als Erstes geben: Vergeben."

Als Christen glauben wir, dass Vergebung aus der Religion kommt. Dann ist auch sie Geschenk, nicht machbar, erzwingbar oder käuflich. Um sie bittet man im Glauben. „Christ, der Retter ist da", heißt eben auch, um zu vergeben ist er da. Dass Rache der Vergebung weicht, ist unbedingt notwendig für die friedliche Zukunft der Welt, menschlich aber so schwer umsetzbar. Dazu braucht es göttliche Kräfte.

Meine Mutter war keine überschwänglich fromme Christin, eher eine bodenständig gläubige Frau. Der Mut, den sie im April 45 aufgebracht hat, entsprang vielleicht auch ihrem Glauben. „Mut ist Angst, die gebetet hat", so hat es Corrie ten Boom einmal formuliert, eine niederländische Pazifistin, die so vielen Juden während der Besatzung in Holland das Leben gerettet hat. Der Glaube an Gott wird schließlich zum Glauben an die mutigen Kräfte in mir selbst.

In einem Lied heißt es sinngemäß:

wo Menschen wütend Steine werfen,
wo Menschen böse Blicke werfen,

wo Menschenkreuze Schatten werfen,
da schreibe in den Sand,
da male an die Wand,
vergeben soll sein, Vergeben soll sein,
Ich lass mich darauf ein
wie Jesus Mensch zu sein

Weihnachtsland Shalom

Friedens-Reich,
Reich – an Frieden.
Nicht länger ist der Mensch
des Menschen Wolf,
sondern des Menschen Mit-Mensch,
Schutz beim Lamm findet der Wolf,
der Panther liegt beim Reh,
Kalb und Löwe weiden zusammen,
Kuh und Bär teilen ihr Futter.
Der Säugling spielt vor dem
Schlupfloch der Natter und
das Kind steckt die Hand
in die Höhle der Schlange.

Schwerter werden zu Pflugscharen
und Lanzen zu Winzermessern,
im Rohr der Rakete nistet die Taube,
im Geschoss des Panzers der Spatz,
Mauern sind gefallen und
Minenfelder entmint,
Selbstschussanlagen werden geräumt,
man übt nicht mehr für den Krieg,

nur noch für den Frieden
im Land Shalom, dem Land
ohne Drahtverhau und Grenzen.

(frei nach Jesaja Kapitel 2 und 11)

Die christlichen Liturgien der Advents- und Weihnachtszeit sind voll von den Friedensvisionen, die während der 60-jährigen Gefangenschaft des Volkes Israels
in Babylon im 6. Jahrhundert v. Chr. verschriftlicht
wurden. Diese Visionen sorgten dafür, dass in der größten Not der Glaube an Befreiung und an die Rückkehr
in die Heimat wach blieb. Ist es Zufall, dass Teile dieser
Visionen wie z. B. der Aufruf „Schwerter zu Pflugscharen" in den 1980er Jahren zu geflügelten Worten der
Friedensbewegung in der 40-jährigen Gefangenschaft
der Menschen in der DDR wurden?

Als 1989 die Grenzen in Europa zu fallen begannen,
haben mich diese Ereignisse an den Psalm 126 erinnert,
der nach der babylonischen Gefangenschaft Israels entstanden ist, und zu folgendem Text inspiriert:

Land Shalom 1989 – nach Psalm 126

Als der Herr das Los der
Gefangenschaft Israels wendete,
da waren sie alle wie Träumende.
Da war ihr Mund voller Lachen
und die Zunge voller Jubel.
Da sagte man unter den anderen Völkern:
„Der Herr hat an ihnen Großes getan."

Als der Herr das Los der
Gefangenschaft von 17 Millionen
Deutschen wendete, da waren sie
wie Träumende, da waren
ihre Gesichter voller Lachen,
und ihre Füße voller Tanz auf der Mauer,
an der kurz zuvor noch Menschen
gejagt und getötet wurden,
da sangen sie Jubellieder
wie einst zu Tochter Zions Zeiten
und tranken gemeinsam
den Sekt der Freude, denn die,
die mit Tränen gesät hatten,
durften jetzt mit Jubel ernten.
Und die anderen Völker,
die Völker Großbritanniens,
die Völker Amerikas,
die Völker Afrikas und Asiens,
die so lange auf die gespaltene Stadt
und das geteilte Europa geschaut hatten, sagten:
Seht sie euch an, Großes ist an ihnen geschehen,
nie für möglich Gehaltenes,
nie Geglaubtes ist passiert.
In dieser Nacht sagte man nicht mehr
„die aus dem Osten und die aus dem Westen".
In dieser Nacht sagte man nur noch:
„Wir sind alle Menschen, Deutsche, Europäer,
Weltbürger*innen."
In einem Wimpernschlag der Geschichte
waren plötzlich die Grenzen aufgehoben.

Denn dies war die Heilige Nacht der Deutschen, sieben Wochen vor Weihnachten 1989.

Shalom, Frieden ist nach hebräischer Auffassung der umfassende Zustand von Glück und Wohlergehen des Einzelnen und der Gemeinschaft, ein Zustand, der aus der Beziehung mit Gott hervorgeht.

Manchmal zeigt sich dieser Zustand nur für einen Augenblick der Weltgeschichte, der oft gleich wieder verschwindet. Aber dieser Moment reicht aus, dass der Glaube an das Weihnachtsland Shalom wach bleibt.

Die hebräische Bibel verkündet die Botschaft, dass Shalom der innere ruhende Pol des Menschen in Gott ist. Nur aus dieser Beziehung kann der Mensch den Mut finden, den Frieden zu wagen. Ist es darum nicht konsequent, dass die Friedensdemonstrationen Ende der 1980er Jahre in der DDR von Kirchen und abendlichen Gebetsgottesdiensten ausgingen? Dort holten sich die Menschen die Kraft zum Risiko und zum Aufbruch, gläubige und nicht gläubige.

„We refuse to be enemies" – „Wir weigern uns, Feinde zu sein", so steht es auf einem Felsen in der Nähe von Betlehem. Auch in dieser Stadt des Friedensfürsten, in der sie heute wieder eine Mauer hochgezogen haben und sich feindlich gegenüberstehen, bleibt in solch kleinen Zeichen der Glaube an das Weihnachtsland *shalom* wach. Denn der Friedensfürst lässt sich nicht mehr aus dieser Welt hinauskatapultieren. Der Stern von Betlehem erlischt nicht, weil er in so vielen Menschen Gottsei-dank weiterglimmt.

Hansi darf bleiben

Die Weihnachtsgeschichte ist kein Kindergeburtstag. Sie ereignet sich im unterdrückten, armen und ausgezehrten Land. Außerdem war das Schicksal der Heiligen Familie von Anfang an eine Vertreibungs- und Fluchtgeschichte. In Betlehem angekommen ist sie obdachlos, nirgends eine Bleibe, nur im Stall. Das Matthäusevangelium erzählt kurz nach der Geburt Jesu von einem unsäglichen Massaker des Herodes, der alle Erstgeborenen umbringen ließ. Die Familie flieht unter abenteuerlichen Bedingungen, in Angst, Not und Verzweiflung nach Ägypten. Gott betritt die Erde und darf nirgendwo bleiben. Eine Geschichte, die sich millionenfach auch in unserer deutschen Vergangenheit ereignet hat und immer wieder ereignet.

„Hansi, du darfst bei mir bleiben." Diesen Satz las ich bei Hans Rosenthal, einem der beliebtesten Moderatoren und Quizmaster, die wir im Fernsehen je hatten, dem Erfinder von *Dalli Dalli*. Er hörte diesen Satz im Jahr 1943 mit 17 Jahren. Als Jude war er auf der Flucht vor den Deportationszügen der SS in die Konzentrationslager. Er hatte sich in seiner Not zu einer Witwe, einer Bekannten seiner Mutter, geflüchtet. Die sagte zu ihm: „Hansi, du darfst bei mir bleiben", und versteckte ihn mutig hinter einer dünnen Teerpappe-Wand in einer Berliner Laubenkolonie.

Die Witwe war eine tiefgläubige Christin, die glaubte, einem Auftrag Gottes zu entsprechen, wenn sie einem Juden das Leben rettete.

Über zwei Jahre lebte Hansi Rosenthal armselig in notdürftigen Verstecken und wurde von drei mutigen Frauen versorgt, die ihre kärglichen Lebensmittelrationen mit ihm teilten. Rosenthal schildert diese Geschehnisse in seinem autobiografischen Buch, das den Titel trägt: „Zwei Leben in Deutschland", eines vor 1945 in der Nazizeit und eines nach dem 2. Weltkrieg.

Als im Mai 1945 der Krieg zu Ende war, verließ Hansi Rosenthal sein Versteck und trug seinen Judenstern wie ein Siegeszeichen am Hemd. Plötzlich sah er sich umzingelt von russischen Soldaten, die ihn an die Wand stellten und erschießen wollten. Diese Einheit der Roten Armee hatte das Konzentrationslager Majdanek befreit. Dort hatten sich Teile der SS-Wachmannschaft Zivilkleidung mit Judensternen besorgt, um so der Gefangennahme zu entgehen. Deshalb vermuteten die Soldaten hinter jedem Judenstern einen SS-Mann. Rosenthals Beteuerungen, er sei wirklich Jude, halfen ihm nichts, bis aus der hinteren Reihe ein russischer Offizier auf ihn zutrat und sagte: „Wenn du wirklich Jude bist, dann kannst du mir auch das jüdische Glaubensbekenntnis auf Hebräisch aufsagen." Zitternd begann Rosenthal zu beten:

,Schma Jisroel, Adonei Elauhenu, Adonaj echod'.
„Höre Israel, der Ewige ist unser Gott, der Ewige ist ein-

zig ..." Darauf sagte der Offizier: „Du kannst gehen, du bist Jude. Ich selbst bin es nämlich auch. Aber wirf den Judenstern weg." Gedankenverloren und mit schlotternden Knien ging Hansi zurück in seine armselige Behausung und murmelte immerfort vor sich hin: Der Ewige ist unser Gott, der Ewige ist einzig.

Hansi, du darfst bleiben. Vom UNHCR kam im letzten Jahr die Nachricht, dass auf dieser Erde alle zwei Sekunden ein Mensch zur Flucht gezwungen wird. „Aische, Ali, Imre, Barry, ihr dürft bleiben." Wer sagt das zu ihnen? Sie sind oft in eben solch großen Nöten wie Jesus auf der Flucht nach Ägypten oder der 17-jährige Hansi Rosenthal vor den Nazis. Mehr als 80 Millionen Menschen sind im Jahr 2022 auf der Flucht. Erbärmlich und erschreckend sind die Bilder an der belarussisch-polnischen Grenze, wo sogar Kinder rücksichtslos zurückgeprügelt wurden. „Pushback" heißt das Unwort des Jahres 2021, zurückdrängen.

In unserem Land werden Menschen eingeteilt nach denen, die Bleiberecht haben und denen, die keines haben, nach Menschen, die Duldung haben und nach denen, die nicht einmal geduldet werden. Verzweifelte Menschen finden sich wenige Kilometer von meinem Wohnort entfernt in der Abschiebehaft Büren.

Menschen nach Bleiberecht und Nicht-Bleiberecht einzuteilen, ist der Botschaft Jesu völlig fremd. Sie kennt nur eins: Menschen, die unter die Räder gekommen sind, denen muss man helfen.

Nichts geht nach dem Juden Jesus über dieses in sich verbundene Glaubensbekenntnis: „Schma`Jisroel ... Du sollst den Herrn deinen Gott lieben, und liebe deinen Nächsten wie dich selbst." Von sich selbst sagt er bei seinem Abschied: Ich gehe zu meinem und zu eurem Vater und werde für euch alle dort eine Bleibe reservieren. (Vgl. Joh 14,6)

„Hansi, du darfst bei mir bleiben." Jede Bleibe eines Menschen ist letztlich geschenkt. Wir hätten kein Bleiberecht in unserer Wohnung, in unserer Stadt, in unserem Dorf, wenn es uns nicht von unserem Schöpfer gewährt worden wäre. Schon Heinrich Böll hat geschrieben: „Eigentlich wissen wir doch, dass wir hier keine endgültige Bleibe haben. Sie ist euch nur vorübergehend von Gott gegeben. Eure eigentliche Bleibe ist im Himmel."

Hansi, du darfst *bei mir* bleiben, sagt die Witwe zu Rosenthal. Sie versteckt ihn also nicht nur in der Laube, sie gibt auch seiner Seele ein Zuhause bei ihrer Person. So gesehen ist dies nicht nur eine Geschichte für Asylbewerber. Auch Menschen, die vielleicht in einer ordentlichen Wohnung leben, brauchen ein Asyl für ihre Seele. Eine Frau erzählte, dass sie völlig verzweifelt war, als ihr Mann sie ganz plötzlich verlassen hatte. Sie rief bei mehreren Bekannten an, um zu reden. Keiner hatte Zeit. Dann lief sie tränenüberströmt zu einer Freundin, schellte an, und die sagte: „Bei mir darfst du heute Abend bleiben und von mir aus auch die ganze Nacht." Menschen, die unserer Seele ein Zuhause geben, die sind so unendlich wichtig.

Und seit Christi Geburt sind Menschen nicht mehr zu unterscheiden nach Bleiberecht oder Nicht-Bleiberecht, nach Nationalität oder Hautfarbe. Seitdem gibt es nur noch die Nationalität: *Mensch*.

Niemand hat das besser ausgedrückt als Dietrich Bonhoeffer in seinen nächtlichen Meditationen im Gefängnis von Berlin Tegel.

„Christen und Heiden" heißt das folgende Gedicht.

> Menschen gehen zu Gott in ihrer Not,
> flehen um Hilfe, bitten um Glück und Brot,
> um Errettung aus Krankheit, Schuld und Tod.
> So tun sie alle, alle, Christen und Heiden.

> Menschen gehen zu Gott in Seiner Not,
> finden ihn arm, geschmäht, ohne Obdach und Brot,
> sehn ihn verschlungen von Sünde, Schwachheit und Tod,
> Christen stehen bei Gott in Seinen Leiden.

> Gott geht zu allen Menschen in ihrer Not,
> sättigt den Leib und die Seele mit Seinem Brot,
> stirbt für Christen und Heiden den Kreuzestod,
> und vergibt ihnen beiden.

> „Es gibt kein richtiges Leben im falschen."
>
> *(T. W. Adorno)*

Angekommen in Betlehem?

Es ist Zeit, dass ich mal eine Grundsatzdebatte mit mir selbst führe im andauernden ADVENT meines Lebens. Schließlich gehe ich in diesem Jahr auf mein 73. Weihnachtsfest zu. Da stellt sich unwillkürlich die Frage ein: Wozu bin ich geboren? Wozu bin ich noch da? Zeit, Bilanz zu ziehen. Habe ich mein Leben gelebt? Gab es Zeiten, da ich es vielleicht verfehlt habe? Der Theologe Eugen Drewermann sagt, das Fegefeuer finde nicht nach, sondern vor dem Tod eines Menschen statt und bestehe in der Erkenntnis: „Du hast dein Leben verfehlt." Die Frage: Wie lebe ich mein Leben? Sie hat mich über Jahrzehnte nicht verlassen.

Mir scheint, dass der Weg nach Betlehem nicht nur der der Weisen aus dem Morgenland ist, sondern auch mein langer Lebensweg mit manchen Ankünften und immer neuen Aufbrüchen, auch mit Versuch und Irrtum.

Advent – Ankunft. Wo bin ich wann angekommen? Als ich jung war, wusste ich genau, wo ich ankommen wollte. Damals während meiner Schüler- und Studentenzeit liefen mir die 68er-Studentenrevolutionäre über den Weg. Hängengeblieben sind mir von ihnen nicht das Chaos, die Straßenschlachten mit der Polizei, die sie in manchen Städten verursachten und in denen auch ich mich als Student in Freiburg manchmal wiederfand. Eingebrannt hat sich in meine Seele aus jener Zeit aber vor allem dieser Satz: „Leben ist mehr als Überleben."

Es schien mir damals unerträglich zu sehen, wie viele von uns lebten, indem sie es nur fristeten und mit Überleben beschäftigt waren. Konnte man so leben, nur um zu essen, Urlaub zu planen, zu konsumieren, ein großes Auto zu fahren? War das der Sinn des Lebens, zu arbeiten, um am Wochenende zu feiern?

Wir ahnten, was dieser Lebensstil kosten sollte. Konrad Lorenz hatte 1973 den Preis aufgezeigt in seinem Werk „Die acht Todsünden der zivilisierten Menschheit." Ein gefährlicher Preis war schon damals die „Verwüstung des Lebensraums Erde", ein anderer der „Wettlauf des Menschen mit sich selbst". Der Mensch, der sich zu Tode läuft im zweidimensionalen Käfig von Leistung und Konsum und dadurch nicht nur seine Seele, sondern auch die Umwelt zerstört.

Im Biologieunterricht hatte ich von Insekten erfahren, denen das Empfinden für die dritte Dimension fehlt. Man kann sie praktisch mit vier Streichhölzern einsperren. Sie laufen sich in diesem Quadrat zu Tode, weil ihnen die Idee fehlt, nach oben zu schauen und die Streichhölzer zu überspringen. Physisch könnten sie es. Aber sie tun es nicht, weil sie den Sinn dafür nicht haben.

An dieser Stelle meines Lebens kam für mich die Religion als das, was mich unbedingt angeht (nach Paul Tillich) ins Spiel. Ich suchte die Bindung „nach oben",

44

nach einem beständigen Sinn in all dem Vergänglichen und Zufälligen. „Religion, auch nur ein bisschen praktiziert, zieht einem das Hemd aus." So ähnlich las ich damals bei den Protagonisten des politischen Nachtgebets. Wieso das denn, fragte ich mich. War ich doch bis dato ein braver katholischer Christ gewesen, der immer schön sonntags zum Gottesdienst gegangen war, alle vier Wochen gebeichtet, vor dem Essen, abends und morgens gebetet hatte. Da war nichts aufregend, aber vieles langweilig.

Jetzt stand da doch tatsächlich in diesem politischen Nachtgebet, Gott sei nicht allmächtig, sondern auf die Hände, Füße und Herzen der Menschen angewiesen. Ohne den Menschen kann Gott nichts bewirken in dieser Welt. Gebet und Politik gehörten zusammen. Jede religiöse Gebärde ist Kraftquelle für politisches, soziales und ökologisches Handeln.

Gleichzeitig lasen wir mit Begeisterung, wie diese Form der Frömmigkeit durch die Kirche der Befreiung in Lateinamerika praktiziert wurde. Da gab es sogar Bischöfe, die stellten sich vor die Bulldozer, die gerade ein Dorf der armen Landarbeiter wegräumen wollten, um Platz zu schaffen für noch mehr Besitz der Großgrundbesitzer. Diese Kirche faszinierte uns, die radikal eintrat für die Gerechtigkeit und die Rechte der Armen, und Kirchenvertreter, die dafür nicht selten mit dem Leben bezahlten.

Jetzt war ich zum ersten Mal angekommen, berührt, betroffen. Ich wollte Theologe, Priester werden, um wenigstens ein klein bisschen die Welt zu verändern.

Was dann kam, war ein staubtrockenes Philosophie- und Theologiestudium, ausgehend von der antiken und mittelalterlichen Seinslehre des Abendlands. Dabei konnte doch das „reine Sein" gar nicht mehr existieren nach dieser furchtbaren Tyrannei der Nazis, die sich daran machte, alles gute Sein mit „Stumpf und Stiel" auszurotten. Ein „richtiges Leben im falschen" konnte es nicht mehr geben, wie Adorno, Mitglied der Frankfurter Schule, analysierte. Wir fragten uns in den 60er und 70er Jahren des 20. Jahrhunderts, ob wir, die Generation danach, denn „richtig oder falsch bzw. richtig im Falschen oder falsch im Richtigen" lebten. Aber nichts von dieser Frage kam im Studium vor, nichts von der Verwüstung der Lebensräume, nichts von dem Menschen, der mehr und mehr zur Ware wurde, nichts von der Diktatur von ‚Gott, Geld und Wohlstand', der die Menschheit in anderer Weise formatierte und ihrer Individualität beraubte.

Ein Lichtblick in all dem war Eugen Drewermann, der mich einige Semester meines Studiums in Paderborn begleitete. Er brachte uns auf die Spur des im Stall geborenen Wanderpredigers von Nazareth, der wollte, dass die Menschen heil, ganz und unzerstückelt lebten, einig mit sich selbst und ihrer Lebensgeschichte, einig mit ihren Mitmenschen und mit ihrem Gott. Nicht herrschen wollte dieser Jesus mit gnadenlosen Geboten, sondern Bindeglied der Liebe zwischen allem Leben sein. Die Angst wollte er nehmen, die Angst, nie zu genügen oder würdig zu sein. Freiheit wollte er schenken zu den eigenen Fähigkeiten und der Ausprägung des spezifischen individuellen Charakters. Der Bürgerrechtskämpfer Martin Luther King war uns wie ein zweiter Jesus, der in den USA den farbigen Müllarbeitern zurief: „Es mag sein, sie nennen dich Nigger, es mag sein, dass du keinen Platz zum Schlafen hast und nicht einmal weißt, wie deine Mutter heißt, but you are sombody, aber du bist jemand, weil du Kind Gottes bist." Ja, Kind Gottes ist seit der Betlehemsgeburt jeder Mensch.

Wozu bin ich geboren, wozu bin ich noch da? Jetzt war ich ein wenig angekommen in Betlehem, das wörtlich übersetzt „Brothausen" heißt. In all den folgenden Jahren der Seelsorge spürte ich, welches Brot die Seele der Menschen aufrichtete, wenn sie z. B. durch kreative Bibelarbeit oder sie berührende Gottesdienste und Sakramente sich in der Begegnung mit diesem Jesus von Nazareth wiederfanden, wenn sie seine segnende Hand über ihrer Stirn und seine heilende Kraft in ihren Herzen spürten.

Und immer wieder stand mir der Gott aus dem politischen Nachtgebet vor Augen, der nicht allmächtig ist, sondern unsere Herzen und Hände braucht. Wie viele Menschen habe ich verzweifeln sehen an ihrer religiösen Erziehung, die nach dem Religionspädagogen Otto Betz oft eher Erziehung zum Unglauben war. Immer wieder gingen sie davon aus, Gott könne ihnen in ihrer Not helfen, weil er doch allmächtig ist und alles kann. Ich konnte diesen Menschen diese quälende Frage nicht wegargumentieren. Sie glaubten mir erst, als ich versuchte, Gottes verlängerter Arm, sein zugewandtes Ohr und sein Herzensgebet zu sein.

Wozu bin ich noch da? Jetzt, da ich mir diese Frage stelle, liegen zwei Jahre mit den verschiedenen Varianten des Coronavirus hinter uns. Ich gehöre zur sogenannten vulnerablen Gruppe und habe trotzdem überlebt, jedenfalls bis jetzt. Wie viele Menschen in meinem Alter bin ich angekommen im Er-Innern, also in dem, was im Inneren lebt.

Ich ahne, die Coronazeit stellt auch mich vor die Frage: Aus welchen Quellen speist sich mein Leben? Wo ist für dich Betlehem, Brothausen? Manchmal spüre ich, der segnende Christus geht auch in mir ein und aus. Dann bin ich ihm nahe in meinem Herzensgebet; im nächsten Augenblick kann er sich wieder kilometerweit entziehen. Aber ich ahne, dass er der Ankommens-Punkt ist und mit offenen Armen dasteht, wenn ich die letzte dunkle Wand meines Lebens durchschritten habe. Das ist die Zeit, in der ich so manche quälende „Fegefeuerfrage" meines Lebens hinter mich lassen darf, da das zum Segen gewordene Kind von Betlehem meine Brüche und Fehler ausgleicht.

„Angekommen!" steht dann auf meinem Grabstein.

„Von einer Hand zur andern Hand
geht ein Licht über unser Land."
(*Rolf Krenzer*)

Friedenslicht von Betlehem

Am 24. Februar 2022 ist der Krieg nach Europa zurück-
gekehrt. Der russische Tyrann hat die Ukraine angegrif-
fen und unsägliches Leid über die Menschen gebracht.
In einem idyllischen Dorf in Westfalen lebend bin ich
mehr oder weniger Zuschauer dieser Katastrophe und
verfolge ratlos und entsetzt die schlimmen Bilder am
Fernsehen. Ich suche nach Wegen der Anteilnahme und
Hoffnung. Als ein solcher Weg fiel mir das Friedenslicht von Betlehem und dessen Pendant, das Altenberger Licht, ein.

Nach dem 1. Weltkrieg ist die Tradition des Altenberger Lichtes als Hoffnungs- und Friedenszeichen vor
genau 100 Jahren entstanden. Jedes Jahr wird am 1. Mai
im Altenberger Dom, dem christlichen Jugendzentrum
des Erzbistums Köln, das Altenberger Licht entzündet
und wie in einem Fackellauf durch Jugendliche über
ganz Europa verteilt. In der Nazizeit haben sich verbo-
tene christliche Jugendgruppen in Kellern und anderen
Verstecken um dieses Licht versammelt und wussten
sich mit anderen Gruppen über ihre Ängste hinaus seelisch verbunden.

Während der Zeit des kalten Krieges schmuggelte
man das Altenberger Licht häufig durch den Eisernen

Vorhang und die Berliner Mauer, um Menschen in Osteuropa Hoffnung zu machen und Reformen zu unterstützen. Dabei kam es bisweilen zu originellen Ideen. Im Jahre 1970 fragten wir uns als eine Gruppe von Studenten, wie wir das Licht durch die Grenzanlagen nach Ostberlin bringen sollten. Ein offenes Licht in der Laterne konnte man den Volkspolizisten der DDR nicht zeigen. Da zündete sich jemand am Licht eine Zigarette an. Als Zigarettenkette überstand das Licht alle Kontrollen.

Immer war es Ziel, das Licht möglichst weit zu bringen, um Verbindungen zu schaffen. Fast jedes Jahr lief und fuhr das Altenberger Licht durch die halbe Welt, etwa von Altenberg bis Wladiwostock oder Peking mit der Transsibirischen Eisenbahn und auf anderen Wegen.

Die Botschaft lautet: Das Friedenslicht ist nicht aufzuhalten, auch nicht durch Wachtürme, Stacheldraht, Selbstschussanlagen und bis an die Zähne bewaffnete Systeme. Vom Ursprung des Lebens her sind wir Menschen alle miteinander verwandt und verbunden durch den Schöpfer, der am Anfang der Schöpfung gesagt hat: „Es werde Licht." Unzählige Briefe aus den Ländern der Unfreiheit bestätigen, wie sehr Menschen gerade in bedrängten Lebenssituationen jedes Jahr auf dieses Licht warten.

Es ist schön, dass diese Altenberger Tradition im Auf und Ab kirchlicher Jugendarbeit immer aufrechterhalten wurde. Im Jahr 2022 steht sie unter dem Motto „Ich bin bei dir – Steh auf." Ich bin mir sicher, dass es Städte wie Mariupol, Kiew und viele andere Katastrophengebiete erreicht.

In den achtziger Jahren des vorigen Jahrhunderts hatte man beim ORF in Wien die Idee, die Tradition des Altenberger Lichtes durch das Licht von Betlehem zu ergänzen. Seitdem wird jedes Jahr am 3. Advent in der Geburtsgrotte von Betlehem das Friedenslicht entzündet und zumeist durch Pfadfinder*innen in viele Städte Europas gebracht. In den Tagen vor Weihnachten sieht man dann Menschen mit Laternen in den Händen an Bahnsteigen stehen, die auf die Ankunft des Lichtes von Betlehem in ihrer Stadt warten. Vom Bahnhof aus bringen die Menschen das Friedenslicht in Kirchen, Häuser, Pflegeheime, Krankenhäuser, Schulen, Obdachlosenasyle etc. Es brennt in diesen Tagen als ewiges Licht in etlichen Kirchen und wird immer wieder von Familien nach Hause geholt als Zeichen der Hoffnung.

Eine Familie erzählte mir, dass sie neben das Licht von Betlehem ein Tagebuch legen, in das Familienmitglieder während der Weihnachtszeit Gedanken, Texte, Lieder, Bilder oder Gebete eintragen können. Eines dieser Gebete lautet:

„Guter Gott, mit dem Licht
von Betlehem schenkst du uns
die Kraft, die Not anderer nicht zu übersehen,
gegen Ungerechtigkeit anzugehen,
aufmerksam zu werden auf das,
was um uns herum geschieht.
Es ist ein beruhigendes Gefühl,
Licht und Wärme zu spüren
zu jeder Tags- und Nachtzeit.

Wir werden uns bemühen,
so viel von dieser Vision weiterzugeben,
damit andere Menschen von deinem Feuer
entzündet werden und die wohltuende
Kraft von Betlehem in sich aufnehmen können."

Geschenkte Zeit

> „Ohne Brot und ohne Glück
> kann man notfalls leben,
> aber nicht ohne das Geheimnis."
>
> (*Léon Bloy*)

Gratis-Geburt des Lichtes

Der Südtiroler Extrembergsteiger Reinhold Messner erzählte einmal in einer Talkshow von einer seiner Himalaya-Expeditionen. Er hatte im Schneetreiben völlig die Orientierung verloren. Der Kontakt zu seinen Kameraden war abgebrochen. Tagelang irrte er umher. Überall nur Schnee, Eis, Geröll und dichtester Nebel. Völlig erschöpft sank er in den Schnee. Nichts ging mehr. Sein Gehirn rettete sich schon in den Zustand jenes Wohlfühlens hinüber, das den Menschen auf den Tod vorbereitet. Da plötzlich, an der Grenzlinie zum Koma, spürte er, wie sein Auge von einem ganz leichten Strahl von Licht und Wärme gestreift wurde. Mühsam öffnete er die Augen und fand sich in strahlendem Sonnenschein wieder. Er war gerettet, konnte seine Position bestimmen und den Abstieg wagen. Verwundert fragte ihn die Moderatorin: „War das Zufall?" Darauf Messner: „Nein, das war kein Zufall, das war Gnade." Er hatte diesen Moment wie eine neue zweite Geburt erlebt.

Müssen wir erst in Grenzsituationen geraten, – ob in den Bergen, auf der Intensivstation, im Flugzeug, auf der Autobahn, wo auch immer –, um zu begreifen, dass das ganze Leben Gnade, also gratis ist? Sagt uns erst der Besuch in den Elendsgebieten von Islamabad, Daressalam oder Port au Prince, dass es eine überaus große Gnade ist, in einem Dorf oder einer Stadt in Westfalen geboren worden zu sein?

Betlehem, an dessen äußerstem Rand im Stall Gott zur Welt kam, heißt in unserer Sprache „Brothausen". Aber die Menschen, die damals dort auf den Feldern mit den Tieren lebten und arbeiteten, waren Hungerleider. Denn es galt der Grundsatz: Wer nichts wird, wird Hirt, oft mit so wenig Lohn, dass es zum Essen für die Familie nicht reichte. Und manchmal gab man ihnen nicht mal das Schweinefutter, wie an anderer Stelle in der Geschichte vom verlorenen Sohn zu lesen ist. Unter diesen Umständen werden heutzutage Kinder geboren in den Slums der Megastädte der Dritten Welt.

Genau in dieser Elendsgeburt bei hoffnungslosen Menschen enthüllt sich das göttliche Geheimnis, sagt die Weihnachtsgeschichte.

In dieses Leben kam in Gestalt und im Symbol des Engels ein strahlend weißer Moment, so strahlend wie das Licht der Sonne auf einem Achttausender, und er verkündete den aus der Hoffnung gefallenen Menschen „Fürchtet euch nicht". Habt keine Angst, ihr werdet leben, weil dieses Kind, das so armselig in einer Futterkrippe in Windeln gewickelt liegt, sich in eurem Herzen ent-wickeln wird mit aller Kraft seines Friedens und seiner Barmherzigkeit.

Sola gratia, allein die Gnade oder alles ist gratis. Martin Luther hat vor 500 Jahren diese Sätze zum Hauptprogramm der Reformation gemacht. Viele Jahre hatte er sich mit der Frage gequält: „Wie finde ich einen gnädigen Gott?" Die Menschen seiner Zeit im 16. Jahrhundert besuchten alle Messen, nutzten jede Gelegenheit zur Beichte, liefen sich auf Wallfahrten die Füße und die Knie wund, kauften sogar mit ihrem letzten Geld die Seelen Verstorbener von einem ungnädig geglaubten Gott los. Der Kirche gab das eine ungeheure Machtfülle. Denn sie allein konnte durch die Sakramente Gnade und Erlösung von den Höllenqualen vermitteln. Auch Luther dachte so, fürchtete sich so, bis es ihm bei der Lektüre des Römerbriefes im Neuen Testament wie Schuppen von den Augen fiel. Er erkannte, dass durch den unter widrigsten Umständen in Betlehem geborenen Gottessohn Recht und Gerechtigkeit für alle in die Welt gekommen sind. (vgl. Röm 5,21) Das ist geschenkt, gratis.

Wir Menschen müssen uns den Himmel nicht erleisten und erkaufen, wir haben ihn schon. Wir sind Himmelswurzler. Darum können wir gut sein und in der Liebe leben, und nicht weil wir uns vor der Hölle fürchten. Diese Auffassung konnten viele Funktionäre in Kirche und Staat nicht ertragen, entzog es ihnen doch die Geschäftsgrundlage.

Die Nähe Gottes und die Wirklichkeit des Himmels erfahren wir nicht in erster Linie durch das strikte Befolgen von Geboten und Dogmen, sondern durch die Achtsamkeit für die Glanzaugenblicke und Gratisgeschenke des Lebens.

Es gibt Glücksmomente, in denen sich der Vorhang lüftet und der zeitlose Hintergrund des Lebens deutlich wird, z. B. bei der Geburt eines Kindes, nach einer bestandenen Prüfung, bei einer unbeschreiblich schönen Naturwanderung, beim Verweilen an einer Quelle oder am Sterbebett der eigenen Mutter. Da zeigt sich: Alles Leben ist Gnade.

Solche Momente können wie eine Geburt sein, weil neues Leben sich in uns entfaltet, das Geheimnis sich enthüllt.

Zu solchen Enthüllungen möchten wir mit Goethe sprechen: „Verweile doch, du bist so schön." Aber so ist das Leben nicht. Es findet normalerweise in den Niederungen des Alltags statt. Wir haben in den Glanzaugenblicken vielleicht nicht Gott selbst erfahren, wohl aber seine Wirkung, sind uns also bewusst geworden, dass alles Leben und unser tagtäglicher Kampf von göttlicher Kraft durchwirkt sind, so wie Licht in jedem Atom gegenwärtig ist.

Um den alltäglichen Wahnsinn zu bestehen, kann darum der regelmäßige Kontakt zu Christus eine Hilfe sein, ob im Ruhegebet, der Meditation, einem Gottesdienst. Dadurch stellen wir fest, dass die wenigen Glanzaugenblicke auf dem „Berg unseres Herzens", in unserem Innern (dem Er-Innern) weiterleben.

Kürzlich las ich vom Ministerpräsidenten Winfried Kretschmann, dass er regelmäßig Exerzitien bei den Benediktinern in Maria Laach macht. Er wurde gefragt, wie er denn auf diese Idee gekommen sei? Darauf hat er geantwortet: „Das Alltagsgeschäft in der Politik ist ein knochenharter Job. Ich bin mir bewusst, dass man als Politiker sehr schnell scheitern kann. Darum brauche ich meinen Glauben, der mir sagt, dass man als Mensch vor Gott nie scheitert. Also gönne ich mir Exerzitien, diese wichtigen Tage Abstand vom Alltag."

Die Gratis-Erfahrung erlebe ich immer wieder auch bei Bergwanderungen im Mittelgebirge des Sauerlandes. Manchmal feiern wir am Gipfelkreuz Gottesdienst und spüren deutlich: Da ist nichts mehr zwischen uns und dem Himmel, zwischen uns und Gott. Da ist nur noch Himmels-Beziehung wie damals in Betlehem. Einmal ist mir nach einer solchen Erfahrung folgendes Gedicht eingefallen.

Das Geheimnis

Wo Quellen aus den Bergen springen
und in die Täler Leben bringen,
wo Bäume dir den Himmel zeigen
und sich in Wind und Wetter neigen,
wo Menschen steilen Anstieg wagen,
weil sie im Herzen Hoffnung tragen,
enthüllt sich ein Geheimnis dir
im Gipfelkreuz, der Wege vier:
Licht und Wasser, Luft und Erde,
senkrecht strebende Gebärde.
Das Leben will zur Mitte finden
und sich an Gott, den Schöpfer, binden.
Der Kreis der Ordnung hält die Welt,
dass niemand aus dem Rahmen fällt.

Wo Menschenkreuze Schatten werfen
und Gegensätze sich verwerfen:
Wo Finsternis das Licht regiert
und Tod das Leben ganz negiert,
wo Hass die Liebe übersteigt,
und Freude sich in Angst verzweigt,
wo Berge dir zu hoch erscheinen,
und Zweifel Hoffnungen verneinen,
enthüllt sich das Geheimnis wieder,
und summt in Bäumen schönste Lieder:
Tröstung blättert im Geäst,
der Glaube sucht sich dort ein Nest.
Die Seele kann zum Licht sich heben,
schöpft Kräfte für das Alltagsleben.

> „Stille Nacht, Heilige Nacht
> Gott hat sich klein gemacht.
> Liegt als Kind im nächtlichen Stall,
> hat erschaffen die Welt und das All.
> Jesus, der Retter ist da."
> (*Neufassung: Silja Walter*)

Falsch geboren?

Zum Weihnachtsfest 1818 gab es in dem kleinen Dorf Oberndorf an der Salzach in Österreich ein Problem: Die Orgel war defekt. Da kam dem damaligen Hilfspriester Joseph Mohr die Idee, ein eigenes Weihnachtslied zu erstellen, das nur mit Gitarre und Chor zu begleiten war. Er schrieb einen Text, und der Dorfschullehrer Franz Gruber komponierte die Melodie: Stille Nacht, Heilige Nacht …

Das Lied eroberte die Herzen der Menschen und ging um die Welt. Bereits um die Jahrhundertwende hatte es alle Kontinente erreicht, heute wird es in fast allen Sprachen gesungen, selbst in Chinesisch oder Kisuaheli.

Joseph Mohr durfte nur Hilfspriester sein, weil er ein uneheliches Kind seiner Eltern war. Er hatte die Zulassung zur Priesterweihe überhaupt nur mit einer Ausnahmegenehmigung des Papstes persönlich bekommen. Da fragt man sich doch: Wie wenig hat die offizielle Kirche in manchen Zeiten Jesus von Nazareth verstanden?

Aber Joseph Mohr, der Gedemütigte, und sein Lied haben der ganzen bigotten Moral der damaligen Zeit ein Schnippchen geschlagen. Von dem Papst und dem Bischof von Salzburg spricht heute niemand mehr, aber das Lied kennt jeder und sein Autor, der uneheliche Sohn seiner Mutter, steht in jedem Kirchengesangbuch.

In Zeiten der Patchwork-Familien ist es kein Problem mehr, ob jemand ehelich oder unehelich geboren ist. Dennoch gibt es viele Menschen, die wünschen sich, nie geboren zu sein, weil ihnen an irgendeinem Punkt das Leben unerträglich wurde.

Als sich kurz vor Weihnachten, am 23. Dezember des Jahres 1936, der große deutsche Satiriker Kurt Tucholsky im Alter von erst 46 Jahren das Leben nahm, da schrieb er als letzten Satz in seinen Abschiedsbrief: „Mich haben sie falsch geboren." War es die unglückliche Liebe zu seiner Frau Mala oder die Vertreibung ins schwedische Exil durch die Nazis, die ihn trotz aller Erfolge so unglücklich machten, dass er sagte: „Mich haben sie falsch geboren"?

Wie geht Ihnen das, liebe Leser*innen? Fühlen Sie sich richtig oder falsch geboren?

Der Statistik nach ist das heute bei jungen Menschen die wichtigste Lebensfrage: Bin ich ein Wunschkind meiner Eltern oder nur der Betriebsunfall einer Liebe? Bin ich so gewollt, wie ich bin?

Denn im Zeitalter der Möglichkeit von Antibabypille und Abtreibung werden diese Fragen sehr zentral: Warum lebe gerade ich und nicht andere mögliche Geschwister? Wer wollte, dass ich lebe? Wer hat mich lieb, so wie ich bin, auch mit meinen Abgründen?

Vor einigen Jahren kam zu mir ein homosexuelles Paar und bat um den ökumenischen Segen für ihre Verbindung. Der evangelische Pfarrer hatte damit kein Problem. Ich fühlte mich zunächst gehalten durch die katholische Kirchendisziplin, die einen solchen Segen nicht vorsieht, aus Angst, die Gefahr der Verwechslung mit dem Sakrament Ehe sei zu groß. Da erzählte der katholische Partner von seinem Leben. Seine traditionell katholischen Eltern hatten sich auch schwer getan mit einer gleichgeschlechtlichen Partnerschaft, weil sie dachten, dies sei nicht gottgewollt. Und er sah mir ins Gesicht und fragte mich: „Sagen Sie mir ehrlich, Herr Pfarrer, kann es denn sein, dass Gott mich falsch geschaffen, dass er an mir einen Fehler gemacht hat?" Da dachte ich, das kann eigentlich nicht sein. Mein Gewissen meldete sich plötzlich und gab mir den Auftrag: Du musst dieses Paar segnen, damit diese Menschen und die Eltern sich verwurzeln können in der Liebe Gottes und JA sagen können zu ihrer Identität.

Die Therapiepraxen sind voll von Menschen, die in ihren Leben verrückt werden und verzweifeln, weil sie denken und spüren: Ich bin falsch geboren. Mein Leben könnte viel besser verlaufen, wäre ich z. B. in einem anderen Milieu oder in einem anderen Körper geboren.

Wenn ich solche Klagen höre, dann frage ich mich immer, unter welchen Umständen ist denn unser Gott zur Welt gekommen?

Mit unserer heute so dick aufgetragenen Weihnachtsidylle hat das herzlich wenig zu tun. Da ist von einer überfüllten Stadt Bethlehem die Rede, in der es für eine schwangere Frau keinen anderen Platz gibt als nur am Rande in einem Stall. Gefährlicher konnte das nicht sein: Aufbruch aus dem Mutterschoß ins Unbekannte, ins Risiko. Kaum ist es auf der Welt, wird die Familie zur Flüchtlingsfamilie, muss auf einem Esel durch die weite Wüste nach Ägypten fliehen, verfolgt von den Todesschwadronen des Herodes.

Lukas, der uns diese Geschichte erzählt, will sagen: Wenn Gott schon unter solch widrigen Bedingungen vom Himmel auf die Erde gekommen ist, dann kann es kein „Falsch-Geboren" geben. Nicht einmal Gott konnte sich seine Eltern aussuchen. Was war das für ein Renommee: der Vater ein Bauhandwerker, die Mutter ein junges Mädchen von vielleicht 13 oder 14 Jahren. Die Eltern konnten dieses Kind nicht auf die höhere Schule schicken. Deshalb ist dieser Jesus bis zu seinem 30. Lebensjahr wahrscheinlich selbst nichts anderes als Bauhandwerker geblieben. Nein, das war keine privilegierte Geburt.

Diese Geschichte ist eine verrückte Geschichte, weil sie all unsere Maßstäbe verrückt: Es geht nicht mehr um ehelich oder unehelich, bürgerlich oder obdachlos, oben oder unten, Luxus- oder Mangelgesellschaft, sondern allein darum, dass ich so, wie ich entstanden bin, genau richtig bin. Denn es gibt für mich keine andere Vorgabe des Lebens. Deshalb sind meine Eltern für mich genau die richtigen, egal, wie viele Probleme es gab.

Diese Geschichte hat Joseph Mohr in ein Weihnachtslied gebracht, das viele auch das kitschigste Lied aller Zeiten nennen. Warum so viel Herz, solch überbordende Romantik in diesem Lied? Vielleicht will der Dichter aus eigener Lebenserfahrung sagen: Auch ein Leben, das am Rande der Gesellschaft entsteht, bei den Asozialen unter den Brücken, ist ein höchst wertvolles kostbares Leben. Was diesen Jesus von vielen anderen Menschen unterschied, war vielleicht, dass er nicht haderte mit seiner Herkunft, dass er sich von Anfang an als Mensch angenommen fühlte. Denn dass die Menschen von Geburt auf gleich sind, sieht man am deutlichsten an den Neugeborenen. Jedes Neugeborene ist schön, ist ein Junge, ein Mädchen (vielleicht noch nicht im lockigen Haar), aber doch prächtig. Jedes Neugeborene ist ein göttliches Kind, weil es ein Wunder ist.

Deshalb sagt dieses Weihnachtsfest denen, die immer noch auf der Suche sind, ob sie im Leben gewollt oder abgelehnt sind: Egal, unter welchen Umständen du geboren und aufgewachsen bist: Ein Wunschkind Gottes bist du und bleibst du für immer.

Himmelswurzler

Eine Legende erzählt über die Entstehung des vielleicht ältesten Weihnachtsliedes:

„Irgendwann in der Heiligen Nacht 1587 stapfte der Küstermönch eines süddeutschen Klosters durch den tiefen Schnee zur Kirche und entdeckte an einem Pfahl auf dem Eis eine Rose. Für ihn ein Wunder.

Sogleich setzte er sich in der dunklen kalten Kirche an die Orgel, textete und komponierte:

> „Es ist ein Ros entsprungen aus einer Wurzel zart, ...
> mitten im kalten Winter, wohl zu der halben Nacht ...
> das Blümlein, das ich meine, mit seinem hellen Scheine, ...
> vertreibt's die Finsternis, wahr Mensch und wahrer Gott ..."

Eine Legende? Eine Lebenserfahrung?

Die Rose ist das Symbol der Liebe. Kürzlich hatte sich ein Brautpaar zur Hochzeit den Spruch gewählt: „Die Rose möge wurzeln in unseren Herzen." Sie wollten nicht leben in einer Eiszeit der Seele, im Frost eingefrorener Gefühle, sondern in Wärme, Zuneigung und Geborgenheit. Woher aber nimmt die Rose die Kraft, sich gegen Kälte, Kühle und Erstarrung durchzusetzen?

Die lettische Schriftstellerin Zenta Maurina hat gegen Ende ihres Lebens ihr letztes Tagebuch genannt: „Meine Wurzeln sind im Himmel." Wir sind also Himmelswurzler.

Zunächst eine Verrücktheit, sich einen auf den Kopf gestellten Baum vorzustellen. Aber was ist Himmel? Himmel ist im christlichen Sinn etwas viel Kühneres als ein interstellarer Raum im Universum. Himmel heißt: Der Mensch hat Platz in Gott und Gott hat Platz im Menschen. Himmel ist kein geographischer, abgezirkelter Raum, Himmel ist Person, ist Gott, ist Liebe. Zenta Maurina, diese liebenswürdige Frau, die ihr ganzes Leben im Rollstuhl verbrachte und oft unsäglich leiden musste, sagt sinngemäß: „Um leben zu können, muss man etwas Absolutes, muss man den Himmel glauben. Man kann wie Petrus über das Wasser gehen, aber man versinkt, sobald man das Vertrauen in diesen göttlichen Grund verliert."

Um sich dieses Vertrauen zu bewahren, muss man mit diesem Grund, der Wurzel unseres Lebens, in Verbindung bleiben. Wie diese Verbindung tragen kann, erzählte ein junger Mann, der aus Afghanistan geflohen ist.

Er saß mit seinen Eltern im Flugzeug, das unter schweren Raketenbeschuss die Hauptstadt Kabul verließ. Er, seine Eltern und andere Menschen im Flugzeug fassten sich schweigend an den Händen. Sie fühlten sich in stiller Verbundenheit mit Gott. Stumm bewegten sie ihre Lippen zu dem einzigen Hilferuf: „Gott bleib bei uns, was auch immer geschieht." Später fragte jemand den jungen Mann: „Sie haben überlebt, aber wenn es schief gegangen wäre, was dann?" Er antwortete: „Es war nicht mehr unsere Entscheidung, ob es gut oder schief ging. Ich wusste in dem Augenblick nur eins: Ob wir leben oder sterben, wir sind allein in Gottes Hand." Diese Erfahrung, sagte der junge Mann, sei lebensprägend für ihn gewesen. Alles kann ich in meinem Leben verlieren, aber niemals den Glauben. (vgl. CiG 19/2013)

Glauben heißt also, in regelmäßiger Verbindung zu bleiben mit seinen Wurzeln, auch mit den ewigen. Irgendwann wird diese Verbindung dann zu einer tragenden Kraft.

Damit das geschehen kann, braucht der Mensch Rituale. Sie sind wie Geländer, die dich durch den Tag, die Woche und durch das Jahr führen können.

- Was wäre der Winter ohne Advent und Weihnachten? Eine trostlose dunkle Zeit. Das Entzünden der Kerzen am Adventskranz oder am Weihnachtsbaum verbunden mit Liedern und Geschichten vertreibt nicht nur die Dunkelheit aus dem Zimmer, sondern auch die Finsternisse von Angst und Unsicherheit aus dem Herzen.

- Können wir uns die sieben Tage der Woche ohne Sonntag vorstellen? Der Mensch braucht meines Erachtens einen Tag in der Woche, an dem er „feierlich" wird, und das Leben anders ist, ruhiger, gelassener, achtsamer für die Natur und die Mitmenschen.

  In früheren Zeiten stand dahinter die Sehnsucht, an einem Tag der Woche zum Himmelswurzler zu werden und Gegenwart und Zukunft des Lebens in das Licht Gottes zu stellen. Im Gottesdienst wurde ihnen bewusst, dass nicht wir Menschen Gott dienen, sondern dass Gott uns dient, indem er uns jede Woche neues Leben schenkt. Auf dem Friedhof gedachte man der Toten, und dass „sie es sind, die den Lebenden die Augen öffnen über das, was klug ist zu leben".

- Entschleunigt es schließlich nicht den Tag, wenn man ihn beginnt mit einem öffnenden Ritual, einem Gebet, und ihn schließt mit einem Rückblick auf den Tag und einer Entlastung auf die Menschen und auf Gott hin?

Ein Ritual lebt von der Regelmäßigkeit. Es darf nicht dem Zufall überlassen werden, sondern braucht die immer gleiche Zeit und einen festen Ort. Ein solches Ritual ist wie ein Geländer, an dem der Mensch sich mehrmals am Tag oder in der Woche festhalten kann.

Frei nach dem „Kleinen Prinzen" von Exupéry könnte man das Gespräch zwischen dem Fuchs und dem kleinen Prinzen zitieren: „Es muss feste Bräuche geben. Wenn ich zum Beispiel weiß, dass du mich am Sonntag besuchen kommst, dann kann ich schon am Freitag beginnen, mich darauf zu freuen."

Exupéry meint, Freundschaften, z. B. die zur Rose oder zum Fuchs, muss man pflegen. Das gilt auch für die Freundschaft zu Gott. Rosen, so sagt das älteste Weihnachtslied, wachsen auch in der Eiseskälte von Anonymität und Abgrenzung, aber sie können nur wirken, wenn man sie wahrnimmt. Aber dann werden sie so wichtig wie Brot, weil sie uns mit der Wurzel allen Lebens verbinden. Beides braucht der Mensch, Brot, also Nahrung, Arbeit, Lohn, aber auch die Rosen, Zuwendung, Liebe, Achtung seiner Würde.

Brot und Rosen, unter diesem Motto stand schon im Jahre 1912 der erste Frauenstreik von 14.000 Textilarbeiterinnen in den USA. Er richtete sich gegen Hungerlöhne und Kinderarbeit, klagte aber genauso das Recht auf menschliche Nähe und Würde ein. Würde hat nach jüdisch christlicher Auffassung der Mensch, weil er göttlichen Ursprungs ist und Ebenbild Gottes bleibt. Ein Transparent in dem Streik wurde zum Anlass dieser Liedverse:

> „Wenn wir zusammen gehen, kommt mit uns
> ein bess'rer Tag.
> Die Frauen, die sich wehren, wehren aller Menschen Plag.
> Zu Ende sei, dass kleine Leute schuften für die Großen.
> Gebt uns das ganze Leben, Brot und Rosen!"

> „Das ist Weihnachten,
> dass eine Hand vom Himmel
> in unser Leben hineingreift
> und an unsere Herzen rührt."
> (*Alfred Delp*)

Wann ist Weihnachten?

„Machen wir die Bescherung nach dem Abendessen oder bereits vorher? Das ist bei uns am Heiligen Abend jedes Mal die gleiche Frage, und sie nervt, weil man da nichts richtig machen kann. Essen wir vorher, dann sind die Kinder total kribbelig und es entsteht keine richtige weihnachtliche Atmosphäre. Nehmen wir die Bescherung vorweg, dann ist es das Gleiche, weil jeder nur mit seinen Geschenken beschäftigt ist."

So klagte mir kürzlich eine Mutter von drei Kindern. Ich musste mich in Acht nehmen, um nicht gleich mit dem Gedanken herauszuplatzen, der unwillkürlich in mir auftauchte: „Gute Frau, Ihre Probleme möchte ich haben. Überlegen Sie doch mal, worum es an Weihnachten eigentlich geht." Das zu sagen, wäre ungerecht gewesen. Ich muss mich schließlich am Heiligen Abend nicht mit drei Kindern und solchen Befürchtungen herumschlagen. Außerdem will die Mutter doch nur, dass eine Gemeinschaft entsteht, die der Familie guttut und in guter Erinnerung bleibt.

So antwortete ich also der Frau: „Ich finde es schön, dass Ihnen der Heilige Abend als Ritual für die Gemeinschaft der Familie so wichtig ist." Darauf die Frau: „Hätten Sie denn eine Idee, was man da machen kann?" Ich schlage ihr vor, die Bescherung oder das Abendessen einzuleiten mit einem Weihnachtslied, als Familie gesungen oder vom Handy abgespielt. „O Gott", wandte die Frau ein, „da rollt unser Zwölfjähriger aber mit den Augen." Interesse fand da schon eher der Vorschlag, die Weihnachtsgeschichte aus der Bibel im Original und dann in moderner Fassung vorzulesen. Ich empfahl ihr eine solche Geschichte und las Ausschnitte daraus. (s. S. 26 ff. in diesem Buch)

Schon waren wir mittendrin in der Frage, was wir denn eigentlich Weihnachten feiern. Sie bewegte mich auch bei der nächsten Predigt und ich fand diese Antworten:

Wir feiern

ein kleines Kind, in großer Not am Rand der Welt geboren unter den Ärmsten der Armen,

ein Kind, das wesentlich mit Gott in Berührung steht,

das in späteren Jahren eine solche Energie entfesselt hat, die die Welt in ein Paradies verwandeln könnte.

Ein Mensch von Gott, der die Menschen zu Gott führte und Gott zu den Menschen, indem er sich ihnen zuwandte, den Kranken, den Abgeschriebenen.

Er öffnete taube Ohren und verschlossene Lippen.

In seine unendliche Güte fielen die Klagen der Menschen,

kleine Klagen über kleine Sorgen, große Klagen über schweres Leid.

In seiner Nähe konnten Menschen neue Hoffnung schöpfen,

Verlassene Heimat finden und Verzweifelte Frieden.

Er hatte keine Patentrezepte des Lebens oder moralische Anweisungen, sondern lernte von den Menschen, die ihm auf seinen Wegen begegneten, indem er sie fragte, was sie brauchten. In Jesus greift „Gott nach unseren Herzen und legt sie an sein Herz", so beschreibt es der Widerstandskämpfer und Jesuit Alfred Delp. Als Priester einer Gemeinde hat er 1933 ein Adventsspiel geschrieben, aus dem ich einige Sätze frei – unserer heutigen Zeit angepasst – wiedergebe:

„Nicht das ist Weihnachten, ein süßes Märchen mit ‚Leise rieselt der Schnee‘, mit Pelzmänteln und neuen Autos, Marzipan und Lichterblendung, modernen Smartphones und Tablets. Weihnachten ist, dass Gott uns anrührt, weil das Schicksal so vieler auch sein Herz gebrochen hat, dass er deshalb unsere Hände greift und sie an sein gebrochenes Herz legt, dass Gott zu uns kommt und uns frei macht. Dass er zu dir sagt: Ich bin dein Immanuel, dein Gott mit dir. Nur durch dich kann ich den Himmel öffnen, nur durch dich kann ich Trost sein für Leidende, nur durch dich kann ich die verriegelten Herzen erlösen. Sagt es allen, nur das ist Weihnachten, dass Gott unser Herz berührt, und nicht das andere."

Dass Gott mein Herz berührt,
mein kaltes, ruheloses,
versteinertes, gebrochenes,
leidgeprüftes, sorgenvolles,
verärgertes und verbittertes
Herz voller Sehnsucht nach Liebe,
Wärme und Herzlichkeit,
Verständnis und Geborgenheit,
und ich die Kraft finde,
meine Herzenshand
dem anderen zu reichen;
DEM zu reichen,
den ich nicht leiden mag,
der mir gestohlen bleiben kann,
der mich auslacht und verachtet,
von dem ich mich nicht
verstanden fühle und den
ich nicht verstehen will,

DER zu reichen,
die über mich redet,
hinter meinem Rücken
mich kalt stellt,
die mir Angst macht
mit ihren tödlichen Blicken
und vernichtenden Worten,
die die Nase rümpft und
sich für was Besseres hält,
die meine Worte nicht hört,
die nicht sieht,

wer Trost und Hilfe braucht,

eben DER, genau DEM,
möchte ich sie reichen
die Herzens-Hand und
ihre/seine Hand
an mein Herz nehmen
und IHM und IHR von
Herzen Frieden wünschen.

Wenn Hand in Hand,
Herz an Herz,
die Menschen einander berühren,
weil sie von Gott berührt sind,
dann ist Weihnachten.

Gibt es das Christkind?

Vorweihnachtliches Gespräch: Die Mutter schmückt mit ihrer siebenjährigen Tochter Ella den Weihnachtsbaum. Dabei kommt es zu dem folgenden Dialog.

Mutter: Ella, wie findest du unseren Baum in diesem Jahr? Ist er nicht schön?

Ella: Ja, Mama. Aber warum hat der Weihnachtsbaum immer Nadeln, die stechen, und weshalb ist er meistens grün?

Mutter: Weißt du, Ella, die Laubbäume verlieren im Herbst ihre Blätter, die Nadelbäume behalten ihre Nadeln. Auch wenn es draußen dunkel und kalt und in unserem Herzen traurig und manchmal finster ist, unsere Lebenskraft, unsere „Grün-Kraft", die Hoffnung können wir nie verlieren. Denn Gott ist ja Mensch geworden und lebt in uns. Aber bringst du mir mal die Glaskugeln, die dort in der Schachtel liegen?

Ella: Warum hängen wir denn Glaskugeln an den Baum?

Mutter: Früher nahm man dafür rote Äpfel, weil der Weihnachtsbaum an das Paradies erinnerte, in dem ein großer Baum stand. Weil die Menschen dann aber dach-

74

ten, im Paradies, also in der Welt Gottes, ist es noch viel schöner, als die Äpfel es ausdrücken, stellten sie Glaskugeln her und verzierten sie mit silbernen oder goldenen Farben.

Ella: Strohsterne haben wir in der Schule auch gebastelt und an einen Baum gehängt. Was bedeuten die denn?

Mutter: Als Jesus geboren wurde, da haben sich über seinem Geburtsland zwei helle Sterne miteinander verbunden, so dass ein wunderbar strahlender Stern entstanden ist, der auch in fernen Ländern zu sehen war. Die Bibel erzählt, dass sogar weit im Osten Forscher ihn mit ihren Fernrohren entdeckten und ihm so lange folgten, bis sie in Betlehem ankamen und das Kind in der Krippe fanden.

Ella: Mama, glaubst du an das Christkind? Bei uns in der Klasse ist ein Junge, der heißt Matteo. Der hat gesagt: „Das Christkind gibt es überhaupt nicht. Das ist eine Erfindung der Menschen. Es bringt zu Weihnachten auch keine Geschenke. Das machen die Eltern."

Mutter: Ja, Matteo hat schon Recht. Mit dem Christkind musst du dir das so vorstellen: Vor ungefähr 2000 Jahren wurde ein Kind geboren mit dem Namen Jesus, den sie später Christus nannten. Dieser Jesus hat so gut gelebt und so vielen Menschen Mut gemacht, sie getröstet und ihnen Hoffnung gegeben, dass die Menschen gesagt haben: Der kommt von Gott. Er ist ein Kind Gottes. Er ist ein Jesuskind, ein Christkind. Dann haben sie begonnen, seine Geburt zu feiern. Weil sie aber nicht wussten, wann er genau geboren war, haben sie entschieden: Wir feiern seinen Geburtstag in der dunkelsten Zeit des Jahres, am 25. Dezember, weil Jesus so viel Licht in das Dunkel von Menschen gebracht hat. Wir wollen gut leben wie er, darum beschenken wir uns auch gegenseitig. Natürlich kommen die Geschenke von uns Menschen, aber irgendwie doch von Jesus. Er hat uns durch sein Leben gezeigt, dass wir glücklich werden, wenn wir füreinander da sind.

Ella: Der Matteo hat auch gesagt: „Gott, den gibt es auch nicht. Deshalb muss man nicht an Jesus glauben, muss nicht in die Kirche gehen."

Mutter: Ich glaube an Gott, weil das meiste auf der Welt ein Geheimnis ist. Für Papa und für mich bist du Ella das größte Geheimnis. Wir haben gewollt, dass es dich gibt, weil wir uns sehr liebhaben und nicht allein bleiben wollten. Wir haben uns gefreut, als ich mit dir schwanger war. Aber als du geboren warst, da waren wir hingerissen und haben gedacht: Dieses kleine Baby, das ist doch ein Wunder, das größte Geheimnis der Welt. Nicht nur wir beide haben gewollt, dass Ella lebt. Da gibt es eine große Macht des Lebens, die wir Gott nennen, die hat gesagt: „Ich will, dass es Ella gibt, so wie ich früher wollte, dass Jesus geboren wurde. Mit seinen Eltern will ich dieses Kind beschützen und segnen, jeden Tag."

Ella: Und die Geschenke?

Mutter: Ja Ella, egal, was wir uns dieses Jahr und in all den nächsten Jahren zu Weihnachten schenken, du bist und bleibst unser größtes Geschenk. Zum Geburtstag bekommen wir auch immer Geschenke. Und

Weihnachten erinnern wir uns an die Geburt Jesu und beschenken uns gegenseitig. In der Schule werden die Lehrer vieles erklären über das Leben, darüber, wie die Pflanzen, die Tiere und die Menschen entstehen. Aber kein Lehrer kann dir sagen, warum es dich gibt. Darum glaube ich an Gott und wir sprechen manchmal, z. B. abends, gemeinsam mit Jesus und sagen ihm: Pass auf uns auf, sei bei uns.

> „Wir wissen, wie sich das Licht bricht,
> aber das Licht bleibt ein Wunder.
> Wir wissen, wie die Pflanze wächst,
> aber die Pflanze bleibt ein Wunder.
> Wir wissen, wie der Mensch entsteht,
> aber der Mensch bleibt ein Wunder.
> Wir besitzen viele Kenntnisse,
> aber die Schöpfung bleibt ein Wunder."
>
> (frei nach Albert Schweitzer)

Bin ich Jesus?

Ein Ehepaar hatte sich im Labyrinth der Einbahnstraßen einer Großstadt völlig verfahren. Das Handy, das sie navigieren sollte, hatten sie vergessen. Da sahen sie an einem Haus Bauarbeiter auf einem Gerüst. Sie hielten an und fragten einen der Bauarbeiter nach der Straße, die sie suchten. Der Arbeiter gab zur Antwort: „Weiß ich doch nicht. Bin ich vielleicht Jesus?"

Als ich diese Geschichte hörte, da dachte ich, man hätte dem Mann antworten sollen: „Natürlich sind Sie Jesus."

Für diesen Bauarbeiter war Jesus ein Wesen aus einer anderen Welt, das alles weiß, alles kann, alles sieht und hört. Das erinnerte mich sehr an meine Kinderzeit. Wir konnten uns damals kaum vorstellen, dass das Jesuskind auch nasse Windeln hatte. Wir dachten sogar, das Christkind sei ein Mädchen mit schönen goldenen Haaren. Haben wir diesen Jesus nicht so wunderschön rein, so unvergleichlich und unerreichbar gemacht, dass er für die meisten furchtbar langweilig geworden ist und allenfalls noch als Traum- und Märchengestalt für die

Konsumindustrie im Winter herhalten kann? Das aber genau ist Jesus nicht!!!

In den USA ist die Glaubensrichtung der Quäker entstanden, die dem Leitsatz folgen: „Jesus is that of God in you." Jesus ist das von Gott in dir. Darum verweigern diese Christen wie die Urchristen den Wehrdienst. Sie glauben ja, dass sie Gott töten, wenn sie einen Menschen erschießen.

Im zentralen Weihnachtsevangelium bestätigt der Evangelist Johannes genau diese Glaubensauffassung, wenn er schreibt:

> „Im Anfang war das Wort
> und das Wort war bei Gott
> und Gott war das Wort ...
> und das Wort ist Fleisch geworden ..."
>
> (Joh 1,1.14)

Gott ist also Mensch geworden, nicht nur ein bisschen, sondern bis in unser Fleisch, bis in unseren kleinen Finger und die 20.000 Atemzüge hinein, die wir an einem Tag machen. Gott lässt sich hineinziehen in unser Fleisch, also auch in unsere Fragen und Abgründe, Ängste, Hoffnungen, Schmerzen und Leiden, in unser Schmachten, Dürsten und Sehnen, sogar in unseren Tod. Jesus hat nicht nur ein bisschen als Mensch gelebt. Er lebt, leidet und stirbt auch heute radikal mit uns Menschen.

Vor einigen Jahren hatten Eltern den Tod eines fünfjährigen Kindes zu beklagen. Als wir zum Trauergespräch zusammensaßen, wünschten sie sich für den Trauergottesdienst den Spruch: „Als Gott dich schuf, legte er liebevoll ein Stück von sich in dich hinein." (Ruth Heil)

Manchmal, wenn ich traurig bin, nicht mehr weiterweiß und denke ,Keiner mag mich', dann kann mir der Gedanke helfen: Gott lebt und liebt in mir, auch in meiner Traurigkeit, geh in Kontakt mit ihm. Ab und zu richtet er mich dann auf.

Jedes Mal, wenn ich als Priester am Altar stehe, und beim Familiengottesdienst Kinder den Altar umgeben, dann gieße ich in den Kelch mit Wein einen Tropfen Wasser, wie es der Ritus der Eucharistie vorgibt. Hin und wieder frage ich dann die Kinder: „Kann ich den Tropfen wieder herausnehmen?" Unisono kommt die Antwort: „Nein." „Warum nicht?" „Weil sich Wasser und Wein vermischt haben." Genauso hat sich Gott in Jesus mit uns verbunden und vermischt.

Das ist die unglaubliche Botschaft von Weihnachten. Gott lässt dich nie mehr allein. Das „Wort wird Fleisch" und hat nach der Johannestradition im Neuen Testament am Ende nur den einen Namen: *Liebe*. „Gott ist die Liebe, und wer in der Liebe bleibt, der bleibt in Gott und Gott in ihm" (1 Joh 4,16).

Diese Liebe soll nicht im Mund bleiben als Phrase, sondern unser ganzes Fleisch, also den Körper, die Seele, alles bis in die letzte Faser unserer Existenz durchdringen.

Über viele Jahre meines beruflichen Lebens war vorwiegend Jugendarbeit meine seelsorgliche Aufgabe. Das Denken und Fühlen der jungen Menschen vor allem in der Entwicklungsphase der Pubertät kreisten um die Fragen nach Liebe, Freundschaft, Partnerschaft und Sexualität. Ich sah junge Menschen mit tiefen Erschütterungen, wenn sie die Urgewalt der Liebe mit höchsten Glücksgefühlen, aber auch mit maßlosen Größenfantasien und Selbstüberschätzungen in sich spürten. Für manche von ihnen war es wie Sterben, wenn der Freund oder die Freundin sie oft sehr plötzlich verließen. Eine einzige Katastrophe. Aufgabe von pädagogischen und seelsorglichen Teams musste es dann sein, die Erfahrung zu vermitteln, dass die Liebe nicht erzwungen werden kann, sondern geschenkt wird. Und was einmal geschenkt ist, wird wieder geschenkt, weil der Urgrund der Liebe, Gott, in dir lebt. Gott ist die Liebe und „die Liebe ist das von Gott in dir". Wenn es uns gelang, die Verlusterfahrungen in Meditation und Gebet an Gott abzugeben, dann erlebten die Jugendlichen manchmal Befreiung, dann liebten sie sich wieder, auch wenn sie glaubten, die Liebe habe sie gerade verlassen.

Menschen können uns verlassen, aber die Liebe kann nicht auswandern, weil die Liebe Gott ist, und seit Jesu Geburt in uns wohnt, so glauben wir Christen.

Mich erinnerte das dann an eine Erzählung aus Chile, in der eine Chilenin mitteilt, dass ihre Familie oft von einer Indianerin besucht wurde, die stets ein Paar Rebhühner mitbrachte. Sie war gern in Gegenwart dieser Frau und bewunderte deren farbige selbstgewebte Umhänge und melodische Sprache. Zum Abschied sagte die Indianerin jedes Mal: „Ich werde wieder wiederkommen; denn ich liebe mich, wenn ich bei euch bin."

So sollten die Jesus-, die Christengemeinden sein: Räume, in denen Menschen sich lieben.

Der lebendige Adventskalender

Elf Jahre habe ich in einer Stadt nahe an einem Markt-
platz gewohnt, auf dem jedes Jahr von Ende November
bis kurz vor Weihnachten ein Christkindlmarkt tobte.
Die Stimmung, die mich da manchmal erfasste, habe
ich einmal in folgendes Gedicht gefasst.

Advent in unserer Stadt

Karussell und Reibekuchen
kannst du jeden Tag aufsuchen,
Glühwein löscht der Kälte Durst,
für den Hunger gibt's 'ne Wurst.
Köstlich sind gebrannte Mandeln,
Mais kann sich in Popcorn wandeln.
Sterne, Engel, Lichterketten
helfen den Profit zu retten.
Das Christkind kommt aus Nürnberg,
ist 17 Jahre und kein Zwerg,
liegt nicht im Trog, steht auf 'nem Wagen,
kann Verse und auch Sprüche sagen.
Die Engel sind aus Marzipan,
da hat der Himmel sich vertan.
Seit Wochen schon die Stille Nacht,

die Straßen voller Glanz und Pracht.
„Oh du fröhliche" klingt's überall
auf der Bühne, nicht im Stall.
Gnadenreiche Weihnachtszeit,
zum Kaufen jederzeit bereit.

Findet Weihnachten dann wirklich statt,
hast du dieses Fest schon satt.
Vom Rummel bist du müde, matt,
und tot ist dann die ganze Stadt.
Vom Turm nicht Bläser, sondern Glocken
wollen in die Stille locken,
dein Herz berühren und dich fragen:
„Willst du Weihnachten denn wirklich wagen?
Dann schau ins Dunkel, nicht in Blendung,
gib deinem Leben eine Wendung.
Öffne deines Herzens Tür'n
lass dich nicht vom Kitsch verführ'n,
folg der Sehnsucht nach Erlösung.
Gönn der Seele Ruhe, Schonung.
Geh zu Gott auf stillen Wegen,
stell dich unter seinen Segen.
Dann wird in dir ganz neu geboren,
was du scheinbar schon verloren:
Friede, Harmonie und Eintracht.
Das ist doch die wahre Weihnacht!

Natürlich bringt es wenig, auf den Konsumrausch in der
vorweihnachtlichen Zeit zu schimpfen und gleichzeitig
mitzumachen. Auch hat es durchaus seinen Reiz, sich

abends am Glühweinstand zu treffen, den Chören oder den Turmbläsern zu lauschen, miteinander zu reden und in Kontakt zu kommen.

Es kommt darauf an, die Menschen mitzunehmen auf den Grund unter dem Rausch, in die Botschaft hinter dem Lärm. Darum hatten wir in der an den Christkindlmarkt angrenzenden Kirche eine große Adventskalenderwand mit 24 Türen aufgestellt. Jeden Abend um 18.00 Uhr wurden die Marktbesucher*innen eingeladen, eine neue Tür zu öffnen und die Botschaft des jeweiligen Adventstages zu hören. Viele folgten dieser Einladung.

Angeregt dazu hatte uns der Bericht von der Entstehung des Adventskranzes und Adventskalenders. Im 19. Jahrhundert sah es mit der beginnenden Industrialisierung in vielen deutschen Städten aus wie heute in den Slums der Megacitys in der Dritten Welt. In Hamburg gründete der Sozialreformer und Pfarrer Johann Hinrich Wichern 1933 das Rauhe Haus, in dem er verwahrloste Kinder und Jugendliche von der Straße aufnahm. Um in der Seele dieser jungen oft traumatisierten Menschen adventliche und weihnachtliche Freude zu wecken, hängte er in der Eingangshalle ein großes Wagenrad mit 24 Kerzen auf. Jeden Morgen versammelte er die Kinder, erzählte eine Geschichte und entzündete eine neue Kerze.

Dieser Brauch verbreitete sich bald in ganz Europa, auch wenn man später die Zahl der Kerzen auf vier für die Adventswochen begrenzte. Für die einzelnen Tage entwickelte man den Adventskalender mit 24 Türen oder Kläppchen.

Heute gibt es eine Vielzahl von oft sehr dekorativen Adventskränzen und Adventsgestecken und noch mehr Formen von Adventskalendern mit Bildern, Texten, Süßigkeiten.

Es ist eine gute Übung in der Adventszeit, sich zu sagen: „Ich bin ein lebender Adventskalender." Und wie Kinder neugierig sind, wenn sie morgens ein Kläppchen öffnen, so bin ich gespannt, was passiert, wenn ich etwa am Morgen eines Tages versuche, ein wenig innezuhalten und die Tür meines Herzens zu öffnen. Geschehen kann das durch das bewusste Anzünden der Kerze am Adventskranz, das Lesen einer kleinen Geschichte im Kalender, Sprechen eines Gebetes oder Singen eines Liedes. Dadurch wird etwas von der Kostbarkeit der dunkelsten Tage des Jahres sichtbar. In Getriebensein und Hetze kann ein wenig Entschleunigung einkehren.

Öffnen wir die Türen unserer Herzen, ob in einer Kirche, zu Hause, oder bei einem Spaziergang. Halten wir inne, werden achtsam, hören in uns hinein. Das tut der Seele gut. Denn letztlich ist unser ganzes Leben Advent: Warten auf Veränderung, Sehnsucht nach Erlösung, Frieden der Seele, dem eigentlichen weihnachtlichen Frieden.

Adventlich leben heißt:
Schritte der Achtsamkeit wagen
nicht gelebt werden
meine Sehnsucht ernst nehmen
mehr aus meiner Mitte heraus leben

Adventlich leben heißt:
mir und anderen Verwandlung zugestehen
nicht außer mir sein
meine Sehnsucht spüren
mehr aus meiner göttlichen Quelle mich nähren

Adventlich leben heißt:
mir und meiner Situation gerecht werden
mich mit Ungerechtigkeiten auf der Welt nicht
abfinden
meine Sehnsucht erleben
aus meinem inneren Feuer heraus aktiv sein

Adventlich leben heißt:
Schritte der Wachsamkeit wagen
nicht nur reagieren
meine Sehnsucht erfahren
agieren aus meiner Tiefe heraus
im Einklang mit mir selber sein
dadurch versöhnend wirken – weltweit

Ich bin, weil Du bist

Jakob kommt von der Schule nach Hause, trifft seinen Großvater und fragt: „Opa, im Religionsunterricht haben wir heute über den Papst in Rom gesprochen und Frau Rombach, unsere Lehrerin, hat gesagt, dass viele Leute zum Papst ‚Heiliger Vater' sagen. Stimmt das?" „Ja das stimmt", antwortet Opa Konrad. „Wie muss ich dann einen Bischof oder einen Kardinal ansprechen?" „Fromme Menschen sagen zum Kardinal immer noch ‚Eure Eminenz' und zum Bischof ‚Eure Exzellenz'", gibt der Großvater Auskunft. „Und unseren Pastor, wie redet man den an?", will Jakob weiter wissen. Der Großvater erinnert sich: „Als ich so jung war wie du und noch zur Schule ging, da kam der Pastor an einigen Schultagen morgens zum Unterricht. Die Klasse ist dann aufgestanden und hat gemeinsam gesagt: ‚Guten Morgen, Hochwürden.' Überall, wo wir ihn trafen, mussten wir zum Pastor Hochwürden sagen." „Wie kommt es dann", wundert sich Jakob, „dass man zu Gott DU sagen darf?"

Das Weihnachtsgeschehen vermittelt tatsächlich die Botschaft, dass Gott von allen Thronen heruntergestiegen ist, die Himmel und alle entfernten Universen verlassen und sich auf Augenhöhe begeben hat mit den Tieren (z. B. im Stall von Betlehem) und den niedrigsten Menschen. Denn die Hirten waren sozusagen die „Asozialen" der damaligen Zeit.

Wenn ich mich in diese Menschen versetze, dann fühle ich mich zuweilen auch armselig, verloren in anonymer, kalter Gesellschaft von Menschen. Dann tut es gut, ein Gegenüber zu haben, ein DU in Form eines Menschen, der mit seinen freundlichen Blicken, den wohlwollenden Worten und seiner zugewandten Haltung Wärme in mein Leben bringt. „Alles Leben ist Begegnung", sagt der jüdische Religionsphilosoph Martin Buber, und „Du sagend werde Ich." Wenn der Säugling nicht die Gegenwart der Eltern spürt, ihr Lächeln, ihre Fürsprache, käme er nicht ins Leben, würde er verhungern an Liebesverlust.

Kaiser Friedrich II. hat im 13. Jahrhundert ein Experiment gemacht, um die Ursprache des Menschen herauszufinden. Er hat eine Reihe von Säuglingen von den Müttern getrennt und sie in einem eigenen Raum ohne jede Form der Liebe und Zuwendung aufwachsen lassen. Ammen durften diese Kinder mit wunderbaren Speisen versorgen, sie sauber halten und den Raum mit dem tollsten Spielzeug füllen. Aber sie durften in keiner Weise mit ihnen Kontakt aufnehmen. Die Babys sind alle nach wenigen Monaten gestorben, obwohl sie allen Luxus der Welt hatten. Sie starben den Tod der Beziehungslosigkeit.

Die Entwicklungspsychologie bestätigt heute, dass Kinder in den ersten Lebensjahren sehr viele symbiotische Erfahrungen brauchen, um autonom zu werden. Im Bild gesprochen sind wir Menschen wie Brunnen, die gefüllt sein müssen mit Liebe und Geborgenheit, um dadurch gerüstet zu werden, selbstständig in die Welt ‚hineinzufließen' und unsere Lebensaufgaben wahrzunehmen.

Das Kind Jesus von Nazareth muss von seinen Eltern unendlich viel Geborgenheit erfahren haben, dass es später so selbstbewusst und unbeirrt seinen Weg gehen konnte und sich durch keine noch so große Gefahr und keine Widersacher davon abbringen ließ. Das zeigt deutlich, dass Geborgenheit nicht einseitig mit Kuschelei zu verwechseln ist, sondern in Sicherheit und Urvertrauen besteht, die helfen, auch schwerste Leiderfahrungen und massive Auseinandersetzung schon in frühen Jahren zu bestehen.

Die ersten Jahre waren für die Familie Jesu kein Zuckerschlecken. Sie erlebte Flucht und Vertreibung. Als 12-Jähriger setze sich dieser Jesus ab auf dem Jahrmarkt in Jerusalem und war verschwunden. Als die Eltern ihn nach mehrtägiger Suche endlich fanden, hörten sie die patzige Antwort: „Wusstet ihr nicht, dass ich in dem sein muss, was meines Vaters ist?", will heißen „Wusstet ihr nicht, dass ich mein Leben selbst in die Hand nehmen muss?"

Ein Gegenüber, der Du-Mensch, vereinnahmt den anderen nicht, sondern verhilft ihm zu seinem eigenen Selbst, zu seiner Autonomie, kann ihn loslassen. Auch wenn das für Eltern oft mit großen Schmerzen verbunden ist.

Was hier in den ersten Jahren erfahren wird, gilt für die gesamte Lebensdauer. Im Grunde brauchen wir jeden Tag die Begegnung mit einem Du, um uns selbst zu finden.

Das ist der ganze Sinn der Menschwerdung Gottes. Er wird Mensch, weil der Mensch ein DU braucht. Manche Theologen übersetzen den Anfang des Johannesevangeliums von dem „Wort, das am Anfang war", folgendermaßen:

Im Anfang war das DU,
und das DU war bei Gott,
und das DU war Gott …
Und das DU ist Mensch geworden.

Nicht immer sind Menschen da, die mir zu einem tröstenden Gegenüber, zu einem DU werden. Grundsätzlich hilft es mir, dass von Anfang an Gott die DU-Garantie für mein Leben übernommen hat. Darum bin ich ziemlich regelmäßig zu einem Rendezvous mit ihm verabredet und spreche ihn bisweilen so an:

Ich bin – weil Du bist

Ich darf Mensch sein,
    weil Du in mir geboren bist.
Ich darf meine Traurigkeit fließen lassen,
    weil Du meine Schale bist.
Ich kann wütend sein,
    weil Du mich aushältst.
Ich werde meine Angst überwinden,
    weil Du das Tor öffnest.

Ich gehe nicht unter in Verzweiflung,
   weil Du um meinen Abgrund weißt.
Ich muss mich nicht mehr schämen,
   weil Du mich magst.
Ich muss mich nicht vor mir verstecken,
   weil Du mich ansiehst.
Ich darf schwach sein,
   weil Du stark bist.
Ich darf Fehler machen,
   weil Du verzeihst.
Ich kann neue Wege wagen,
   weil Du mein Ziel bist.
Ich darf am Boden liegen,
   weil Du mich aufrichtest.
Ich darf loslassen, sterben,
   weil Du mich auf-er-weckst.

„Alles verändert sich mit dem,
der neben mir ist
oder neben mir fehlt."
(*Sylke Maria Pohl*)

Ich bin Ubuntu – spricht Gott

Die Friedenspreisträgerin des deutschen Buchhandels 2021, Tstsi Dangarembga aus Simbabwe, hat in ihrer Rede in der Frankfurter Paulskirche von der afrikanischen Ubuntu-Philosophie gesprochen, die sie auf die Formel bringt: „Ich bin, weil du bist."

Der Begriff *Ubuntu* stammt aus den Sprachen der afrikanischen Völker *Zulu* und *Xhosa* und steht für „Menschlichkeit" und „Gemeinsinn", aber auch für den Glauben an ein universelles Band des Teilens, das alles Menschliche verbindet.

Diese Lebenseinstellung trifft genau das Anliegen der Geburt Gottes im Menschen im Stall von Bethlehem. Denn so stellt sich das Geheimnis der Weihnacht dar:

Als Gott die Dunkelheit sah,
die allerorten auf der Erde herrschte,
konnte er das Elend seines
Volkes nicht mehr ansehen,
und sprach zum Menschen:
Ich bin ein Teil von Dir,
denn Du bist, weil ich bin,
darum werde Mensch wie ich,

werde Schwester, Bruder,
Mutter, Vater, Tochter, Sohn,
Familie im Ganzen, Gemeinschaft
In der EINEN Welt,
werde Licht wie ich.

Gott spricht: Ich bin „Ubuntu", ich bin *Mensch*-lichkeit
geworden, damit du nicht zugrunde gehst in Isolation
und Einsamkeit. Die Friedenspreisträgerin erzählt von
afrikanischen Gesellschaften, die das Leitwort Ubuntu,
also „ich bin, weil du bist", tagtäglich konkret umsetzen.
Da gehen z. B. in einem Township die Bewohner*innen
abends nicht schlafen, ohne vorher den vielleicht kranken Nachbarn zu fragen, ob er noch etwas braucht. Man
verliert sich nicht aus dem Auge und fällt nicht aus dem
Netz der gemeinschaftlichen Verantwortung.

Als alleinlebender Mensch von über 70 Jahren, der in
einer westfälischen Stadt lebt, stelle ich mir oft die Frage: Wer merkt eigentlich, dass du noch da bist. Stürbe
ich heute, wem würde das auffallen?

Vor einigen Jahren habe ich einen alten Mann aus
einer Stadt im Ruhrgebiet beerdigt, der tatsächlich einige Wochen tot in seiner Wohnung gelegen hatte, bis
den Nachbarn im Treppenhaus die Verwesungsgerüche
in die Nasen gestiegen waren. Offensichtlich sind solche Erfahrungen in unserer Gesellschaft keine Seltenheit
mehr.

Wie viele Menschen gehen abends schlafen mit der
Angst, nicht wieder aufzuwachen, z. B. an einem Infarkt
plötzlich zu sterben? Da nutzt auch kein Alarmknopf

mit Direktleitung zum Rettungsdienst. Manche rufen dann regelmäßig die Telefonseelsorge an, weil nur der direkte Kontakt die Angst mindern hilft.

In einem Kindergottesdienst forderte ich einmal Kinder auf, diesen Satz zu ergänzen: „Ich bin, weil …" Es sprudelte nur so aus den Kindern heraus: „Ich bin, weil Du bist, spricht ein Mensch zum anderen. Ich bin weil Du bist, spricht das Meer zum Fluss, der Fisch zum Wasser, die Quelle zum Berg, der Baum zur Erde, das Haus zum Maurer, das Kind zur Mutter, die Lehrerin zur Klasse, der Pfarrer zur Gemeinde …"

Und dann wurde es existentieller. Ich, warum bin ich persönlich?

„Ich bin, weil Mama, Papa, meine Freundin, Geschwister, mein Hund, der Lehrer, die Blumen, die Tiere, die Felder und Wälder, die Sonne, der Mond, die Sterne … weil Gott ist."

Ganz schnell fällt uns Menschen ein, mit wem wir in Beziehung leben, und wen wir zum Leben brauchen.

Der Mensch ist ein Wesen in Beziehung, in Verflochtenheit. So sagte schon Aristoteles. Vereinzelt ist er verloren. Als vor Tausenden von Jahren der homo sapiens, also der Mensch, die Sprache über Zeichenlaute hinaus entwickelte, erkannte er im anderen Menschen sein Spiegelbild, mit dem er Kommunikation brauchte. Das Ich-Bewusstsein wurde durch das Du-Bewusstsein. Der Mensch wurde am Du zum Ich. Ist es ein Zufall, dass diese Grundhaltung gerade in Afrika bewahrt wurde, also auf dem Kontinent, auf dem wahrscheinlich die Wiege der Menschheit stand?

Im europäischen Abendland definierte man den Menschen mit Beginn der Aufklärung vor mehr als 300 Jahren mit dem Satz René Descartes' „Cogito ergo sum", ich denke, also bin ich. Dass der Mensch sich als Individuum versteht und frei denken kann, darf ihm nicht genommen werden. Aber Dangarembga will ihn im Sinne vom afrikanischen Gemeinsinn erweitert sehen: „WIR sind, darum denken WIR."

Bei meinem „Beziehungs-Brainstorming" im Familiengottesdienst war ich erstaunt, wie sehr die Kinder immer wieder den Satz einwarfen: „Ich bin, weil Gott ist." Paläontologen sind der Meinung, dass mit der ersten Sprache des Menschen vor Jahrtausenden nicht nur das Du-Bewusstsein entstand, sondern auch eine Jenseits- und Gottesahnung. Der Mensch konnte sich vom ersten Stadium seiner Entwicklung an nicht als an der Grenze des Todes Gescheiterter sehen. Er will am Ende nicht vom Erdboden verschwinden, sondern sein irdisches Leben übersteigen auf eine endgültige harmonische Dimension hinaus.

Deshalb werden am ersten Weihnachtstag in der katholischen Liturgie die ersten Verse aus dem Johannesevangelium vorgelesen:

„Im Anfang war das Wort …" Dann könnte man nach der Entstehung der Sprache auch übersetzen:

„Im Anfang war das Du,
und das Du war bei Gott,
und Gott war das Du.
Alles ist durch das Du geworden …
In ihm war das Leben,
und das Leben war das Licht
der Menschen."

Unsere Zeit

> „Und wäre Jesus tausendmal
> in Betlehem geboren,
> wird er's nicht in Dir,
> Du wärest doch verloren."
> (*Angelus Silesius*)

Weihnachten bei Amazon?

Nicht weit vor Mitternacht am Heiligen Abend feierten wir eine Jugendchristmette in der Scheune eines Bauernhofes in der Gegenwart von Schafen, Ziegen und einem Esel neben vielen großen, kleinen, jungen und älteren Menschen. Die Krippe war ein richtiger Futtertrog und der Altar direkt daneben aufgebaut. Mit dieser Umgebung kamen wir dem ursprünglichen Stall von Betlehem schon ziemlich nahe. Der Kontrast konnte größer nicht sein, als ein junger Mann aus der Vorbereitungsgruppe die „Weihnachtsgeschichte nach Amazon" vortrug.

„Es begab sich aber zu der Zeit: Da ging vom Internetversand Amazon ein Angebot aus, dass alle Menschen auf dieser Welt daran erinnerte, dass es spezielle Angebote und insbesondere die neue Playstation 5 gab. Jedermann, der etwas auf sich hielt, wollte natürlich eine solche Konsole sein Eigen nennen.

Da Josef und seine schwangere Frau Maria zu der Zeit ein Kind erwarteten, wollten sie diesem sofort die größten Geschenke machen. Schließlich hatten sie nur eine Playstation 4 zu Hause und das Kind sollte sofort up-to-date sein.

So kam es, dass sie zuerst zu Müller und zu Kaufhof gingen. Dort wurden sie abgewiesen wegen Überfüllung. Daraufhin gingen sie zu Saturn und anderen Media-Märkten, wo jedoch alle neuen Playstation schon ausverkauft waren.

Doch gerade als sie die Hoffnung aufgeben wollten, erhielt Josef eine weitere Mail von Amazon, in der stand: ‚Fürchtet euch nicht! Siehe, ich verkünde euch große Freude, die allem Volk widerfahren wird, denn heute können alle Bewohner des Landes kostenlos die Prime-Mitgliedschaft bei Amazon testen!‘

Voller Glück bestellten Maria und Josef über ihre mobile App die Konsole für ihren Sohn und anstatt am 6. Januar kamen drei heilige Männer in schwarzgelben Uniformen von DHL, Hermes und UPS schon am 24. Dezember und legten ihr Geschenk vor dem Kind nieder. Josef war überglücklich und lud sofort alle Nachbarn und Arbeitskollegen vom Hirtenverband zum Feiern ein.“ (Herkunft unbekannt)

Das Lachen mag einem im Halse stecken bleiben, wenn man die Geschichte so hört. Aber stimmt es nicht, dass der eigentliche Sinn von Weihnachten heutzutage in einem grenzenlosen Konsumrausch erstickt wird? Zu Weihnachten geht es darum, dass der Mensch göttliche Würde erhält. Deshalb ist er mehr als ein Gebilde im Stoffwechselhaushalt der Natur und es ist unwürdig, wenn man ihn ausschließlich auf seine Rolle als Konsument und Produzent im Wirtschaftskreislauf reduziert.

In der Bibel heißt es: „Der Mensch lebt nicht vom Brot allein ..." (Mt 4,1).

Manche Theologen meinen, er stürbe in der heutigen Zeit sogar am „Brot allein", also allein an den tausenden von Brot-, Brötchen-, Fleisch- und Lebensmittel-Sorten in den Auslagen der Märkte. Er ersticke an den Onlineangeboten, die täglich auf ihn niederprasseln, an einer umfassend aufgebauten Konsumgesellschaft. Am Ende wird der Wert eines Menschen nur noch bemessen nach dem, was er hat und besitzt, und nicht nach dem, was er ist, also nach seinem Charakter, seiner Fähigkeit zu lieben und in Verantwortung zu leben. Die Sehnsucht nach dem, was das Leben eigentlich ausmacht, droht abzusterben

Betlehem ist die Antwort auf den Tod am Brot allein. Denn Betlehem ist mehr als ein geographischer Ort auf der Landkarte von Palästina. Es ist ein symbolischer Ort. ‚Bet' heißt auf Deutsch *Haus* und ‚Lechem' *Brot*. Betlehem ist Brothausen. Es ist der Platz im Leben, an dem es Brot gibt, das nicht verschimmelt, Brot für die Seele, Brot gegen die Traurigkeit, Brot, das die Endlichkeit überwindet und für immer Leben verspricht, Brot von Sinn und letztem Glück.

Charly Chaplin, der am Weihnachtstag 1977 verstorben ist, sagt in der Schlussrede des Filmes „Der große Diktator": „Im siebzehnten Kapitel des Lukasevangeliums heißt es: Gott wohnt in jedem Menschen. Vergesst es nie: Gott liegt in euch allen. Deshalb habt ihr allein die Macht, dieses Leben unendlich kostbar zu machen oder es wegzuwerfen, indem ihr den immer neuen Verführern eurer Zeit nachlauft."

Betlehem ist Brot, Seelennahrung, Kraftquelle in jedem Menschen. Die Seele, unser Herz ist im christlichen Sprachgebrauch seit jeher die Wohnung Gottes. Es geht also darum, Gott zu befragen, was wir tun und wie wir leben sollen. Gott wohnt in unseren Herzen seit Weihnachten.

Meine Form, zur Ruhe zu kommen, mein Leben zur verankern in der Tiefe von „Brothausen", in der Seelen-Nahrungs-Quelle, ist, morgens und abends das Herzensgebet oder das Jesusgebet zu praktizieren. Ich sitze mindestens eine halbe Stunde in der Stille, versuche tief und langsam ein- und auszuatmen und lasse in mir schweigend ein Wort, einen kurzen Satz nachklingen. Manchmal ist dieses Wort einfach nur JESUS. Denn Jesus ist die griechische Version des hebräischen Vornamens Jeschua und heißt übersetzt: „Gott rettet". Wie oft spüre ich nach solchen Schweigeeinheiten im Verlaufe der Nacht oder des Tages, wie sehr ich auf die Hilfe, die Rettung Gottes angewiesen bin.

Wie in äußerster Not Gott Rettung werden kann, ist in dem Film die „Letzte Stufe" über das Leben Dietrich Bonhoeffers eindrucksvoll beschrieben: An einem Sommertag des Jahres 1944 lag er in seiner Zelle im Gefängnis Berlin-Tegel schlaflos auf seiner Pritsche. Da hörte er in der Nachbarzelle einen jungen Mann furchtbar weinen. Am Morgen fragte er den Wärter, wer dieser Mann sei. „Ach", sagte dieser, „der hat es als Soldat im Krieg nicht mehr ausgehalten und ist desertiert. Morgen früh wird er erschossen." In der Nacht darauf hörte Bonhoeffer diesen jungen Mann wieder bitterlich weinen. Da stellte er sich an die Wand und rief. „Hören Sie mich, junger Mann. Ich kann Sie aus Ihrer Not nicht befreien. Aber wir können gemeinsam Gott bitten, dass er Ihnen hilft, das morgen früh durchzustehen. Legen Sie Ihre Hände an die Zellenwand." Bonhoeffer hörte, wie der Mann in der Nachbarzelle langsam aufstand und seine Hände an die Wand seiner Zelle legte. So entstand eine Verbindung des Gebets. Und Bonhoeffer sprach:

„Gott, in mir ist es finster, aber bei Dir ist das Licht;
ich bin einsam, aber Du verlässt mich nicht;
ich bin verzweifelt, aber bei dir ist Hoffnung;
ich bin kleinmütig, aber bei Dir ist die Hilfe;
ich bin erschüttert, aber bei Dir ist der Friede;
in mir ist Bitterkeit, aber bei Dir ist die Geduld;
Du allein bist jetzt mein Weg."
(Frei nach Dietrich Bonhoeffer)

Am nächsten Morgen fragte der Gefängniswärter Bonhoeffer: „Was haben Sie mit dem Mann gemacht? Der ist ja heute früh ganz ruhig in den Tod gegangen?" „Wir haben uns miteinander Gott anvertraut", war Bonhoeffers Antwort.

In der Jugendchristmette haben wir versucht, diese Szene nachzuempfinden, indem jeweils zwei Personen ihre Hände an einer unsichtbaren Wand aneinanderlegten, während das Gebet Bonhoeffers gesprochen wurde. Große Stille war plötzlich im Raum, selbst bei den Tieren. Alle waren berührt, weil sie ahnten, dass Jesus, also der „Gott rettet", auch sie meinte.

Wenn Gott in einem Menschen wirklich geboren ist, dann kann er Gefängniswände durchdringen, alle Grenzen überwinden, selbst die zwischen Tod und Leben. Das allein ist das Geheimnis der Weihnacht, nicht das, was uns von Amazon oder anderen Märkten als Weihnachten verkauft wird.

„Es gibt viele Arten zu töten.
Man kann einem ein Messer in den Bauch stechen,
das Brot entziehen,
einen in eine schlechte Wohnung stecken,
einen durch Arbeit zu Tode schinden,
in den Suizid treiben, …
nur weniges davon ist in unserem Staat verboten."
(*Bert Brecht*)

Stimme der Gewaltlosigkeit

Unzählige Vorkämpfer für die Gewaltlosigkeit in der Geschichte der Menschheit von Franz von Assisi bis Nelson Mandela haben sich auf das wehrlos in einem Stall geborene Kind von Betlehem berufen, das schon bald den Titel „Friedensfürst" bekam, den der Prophet Jesaja verheißen hat. (vgl. Jes, 9,5)

Für uns Christen ist Jesus die Stimme des Friedens und der Gewaltlosigkeit, die sich in unserem Gewissen meldet. Dazu ein Erlebnis aus der Kindheit von Albert Schweitzer, dem Friedensnobelpreisträger, der die meiste Zeit seines Lebens als Arzt im afrikanischen Urwald lebte.

„Ich war ungefähr acht Jahre alt. Mein Freund Heinrich und ich", so berichtet er, „hatten uns Schleudern aus Gummischnüren gemacht, mit denen man kleine Steine schleudert. An einem Sonntagmorgen sagte Heinrich: ‚Komm Albert, wir gehen und schießen auf Vögel.' Die-

ser Vorschlag war mir schrecklich. Aber ich wagte nicht zu widersprechen. Aus Angst, er könnte mich auslachen. An einem kahlen Baum legte Heinrich einen Kiesel in die Schleuder. Seinem gebieterischen Blick gehorchend, tat ich unter furchtbaren Gewissensbissen dasselbe. Doch ich nahm mir fest vor, daneben zu schießen. In demselben Moment fingen die Glocken unserer Kirche an zu läuten. Für mich war es eine Stimme aus dem Himmel. Ich tat die Schleuder weg, scheuchte die Vögel auf und floh nach Hause. Seitdem denke ich beim Läuten der Kirchenglocken dankbar daran, wie sie mir das Gebot ‚Du sollst nicht töten' ins Herz geläutet haben."
Im Rückblick auf dieses Erlebnis sagt Albert Schweitzer: „Von jenem Tage an habe ich gewagt, mich von der Menschenfurcht zu befreien. Wo meine innerste Überzeugung mit im Spiele war, gab ich jetzt auf die Meinung anderer weniger als vorher. Ich verlernte die Scheu vor dem Ausgelacht werden". (Albert Schweitzer)

Ohne das Gewissen, das Läuten der inneren Stimme in uns, erfahren wir nicht, was wir tun oder lassen sollten. Theologen sprechen heute von einem Gewissenspopulismus. Man schaltet diesen inneren Sender ein oder aus, je nachdem, wie es gerade passt. Mir erzählte kürzlich ein evangelischer Pfarrer von einer Frau, die sich zu einer Abtreibung entschlossen hatte. Er fragte sie nach dem Grund und bekam die Antwort: „Das sagt mir mein Gewissen."

Das Gewissen schaltet man nicht ein, wenn es einem gerade in den Kram passt. Das Gewissen schaltet *sich* ein. Will man die christlichen Werte leben, dann muss man dem Gewissen Raum geben. Dann meldet es sich an den Stellen, an denen es manchmal richtig weh tut.

Der achtjährige Albert hat Angst, von seinem Freund verlacht oder als Weichei bezeichnet zu werden, wenn er die Vögel in Ruhe lässt. Der Sieg über die Angst kostet große Überwindung, geht der Fähigkeit zur Gewaltlosigkeit voraus.

Genauso wird es in der Weihnachtsgeschichte beschrieben: Nach der Geburt Jesu verkündet der Engel zuerst: „Fürchtet euch nicht, der Retter ist da". Und dann erst singen sie: „Friede den Menschen auf Erden." (vgl. Lk 2,1-14).

Das Gewissen ist ein sehr sensibler Teil in unserer Seele. Es ist wie das verletzliche Kind von Betlehem, das kindliche Urvertrauen in uns. Das lateinische Wort für Gewissen Coincidentia bedeutet „Zusammen-denken, Übereinstimmen". Meldet es sich, dann liegt darin immer die Botschaft: Du bist nicht allein auf der Welt, denk ans Ganze, an die Verbindung mit allen Formen des Lebens. Du hast keinen Grund mehr, der Angst zu folgen, dass du im Leben zu kurz kommst. Lass die Angst hinter dir, glaube dem Friedensfürsten in dir, und du wirst darin Freiheit finden.

Es ist erschütternd zu erleben, wie groß die Angst selbst bei Bischöfen der katholischen Kirche ist, dass sie über so viele Jahre vertuscht haben, was um der Opfer und der Wahrhaftigkeit willen hätte ans Licht kommen müssen. Stattdessen hat man die Missbrauchstäter

unter Priestern geschützt und die Opfer nicht wahr-
genommen und gewürdigt. Wovor hatte man Angst?
Vor der Entdeckung, dass Anspruch und Wirklichkeit,
Moral und eigenes Lebensbeispiel nicht übereinstim-
men? Vor Unglaubwürdigkeit? Um den guten Ruf der
Kirche?

„Wer die Wahrheit tut, kommt ans Licht" (Joh 3,21),
heißt es in der Bibel. Wer lügt und vertuscht, bleibt im
Dunkel und Gefesselter seiner eigenen Angst.

Noch immer läuten die Glocken vieler Kirchen drei-
mal am Tag. Aber wo ist heute im Apparat der Kirche
das „Läuten des Gewissens", der Mut zum freien Be-
kenntnis? Dagegen bin ich manchmal überrascht, von
Nicht-Christen zu hören, wie sie die Gewaltlosigkeit im
Sinne der Bergpredigt Jesu leben.

Im vorigen Jahr sah ich auf dem Sender NDR ein
Interview mit einem jungen Dissidenten aus China,
das versteckt in einem Auto aufgenommen worden war.
Die Reporterin fragte den Widerstandskämpfer meiner Erinnerung nach: „Verfallen Sie nicht in Resignation und Frustration angesichts dieses unglaublichen
Machtapparats der chinesischen Regierung und seines
Militärs, gegen den man doch so gut wie nichts ausrich-
ten kann?" Darauf antwortete der Mann: „Resignation
und Frustration kommen aus der Angst. Wir haben
unsere Angst überwunden. Nur so können wir unseren
Prinzipien von Recht und Freiheit aller Menschen treu
bleiben."

Kann man intensiver glauben an die Friedenskraft im
Inneren der Seele, an das Urvertrauen?

Im Sinne von Bert Brecht sind die Arten zu töten auch in unserer Zeit oft viel stärker als das Läuten des Gewissens. Man könnte sein berühmtes Zitat (s. oben) wie folgt ergänzen:

Es gibt viele Arten zu töten. Man kann einen Menschen in einen Herzinfarkt treiben. Man kann ihn mobben und beruflich fertigmachen, man kann ihn so lange durch den Kakao ziehen, bis er im öffentlichen Leben jedes Renommee verloren hat. Man kann ihn als missbrauchtes Kind ignorieren und seinem Schicksal überlassen.

Es gibt viele Arten zu töten. Man kann einen Menschen links liegen lassen. Ihn passiv oder aktiv boykottieren. Man kann ihn spüren lassen: Nur ich bin der Tüchtige, der Nützliche. Man kann jemanden töten, wenn man ihn klein hält, demütigt. Und nicht vergessen: Man kann ihn töten, indem man über ihn tratscht und quatscht.

Es gibt viele Arten zu töten. Nur wenige davon sind in unserem Staat verboten. Die meisten Formen zu töten geschehen lautlos, heimlich, stets mit sauberen Händen und scheinbar gutem Gewissen.

So ist das immer, wenn der Sender abgestellt ist und man nicht merkt, wenn das Gewissen läutet.

„Herr, hilf uns, unsere Angst zu überwinden,
um dann die Waffen abzulegen;
die scharfen Worte, die bösen Blicke, die verletzende Sprache,
die giftigen Angriffe, die lähmende Überheblichkeit,
das erdrückende Kraftprotzen, die atemberaubenden

Frechheiten, den beißenden Spott und all das, womit wir sonst den täglichen Kleinkrieg führen.

Herr, gib deinen Frieden hinein in unsere Sprache, in unsere Blicke, in unsere Hände und Füße, in unseren Intellekt, in unsere Phantasie, in unser Herz."

> „Das Leben ist wie ein Kartenspiel,
> und ich habe ein ganz mieses
> Blatt bekommen."
>
> (*Luisa, Mädchen in Brasilien*)

Geboren als Herz-König

Lisette Eicher ist eine Krankenschwester, die viele Jahre in Paderborn gelebt hat. Wir luden sie in unsere Kirchengemeinde ein, damit sie von ihrer „Terra Promissa", einer Heimat für verlorene Kinder in Brasilien erzählte, die sie in der Stadt Nova Iguacu aufgebaut hatte. Ganz still wurde es im Saal, als Schwester Lisette von Luisa sprach.

Luisa hatte gesagt: „Das Leben ist wie ein Kartenspiel, und ich habe ein ganz mieses Blatt bekommen." Luisas Mutter, so erzählte Schwester Lisette, war schon früh verstorben. Der Vater hatte sie weggeschickt. Sie landete auf der Straße, zum Abschuss und zur Prostitution freigegeben. Luisa bekam mit 14 Jahren ein Kind, Raffael. Sie wurde geschlagen, gedemütigt von Zuhältern, Kriminellen, sogar von der Polizei.

Es gibt Abermillionen von diesen Wegwerf-Weglauf-Kindern in Südamerika und auf anderen Kontinenten. Es sind Kinder, die täglich um ihr Leben kämpfen und ausgebeutet werden. Touristen empfinden sie wie Schmeißfliegen, wenn sie für ein paar Realis die Autoscheiben säubern wollen. Verschämt dreht man die Fensterscheiben hoch: „Man kann ja schließlich nicht allen helfen." Sie sind lästig, diese Kinder, werden überall verstoßen, bleiben unter sich und bilden kriminelle Banden oder werden zu Opfern von Organhändlern und Sklavenjägern.

Lisette Eicher fand Luisa in der Gosse, ihr totes Kind in den Armen, sie selbst völlig am Ende. Lisette brachte Luisa in die „Terra Promissa", in das „Gelobte Land". Zum ersten Mal in ihrem Leben schlief Luisa in einem sauberen Bett mit weißen Kissen. „Jetzt, sagt sie, habe ich ein Trumpf-As gezogen im Spiel des Lebens. Auch wenn ich bald sterben sollte wegen Aids, wenigstens sterbe ich in weißen Kissen."

„Das Leben ist wie ein Kartenspiel." Was haben Sie, liebe Leser*innen, für ein Blatt bekommen im Spiel des Lebens? Ich für meinen Teil kann sagen, ich habe kein schlechtes Blatt. Klar, ich habe vielleicht nicht die höchsten Trümpfe bekommen. Aber ich bin auch nicht als Straßenjunge in São Paulo, Daressalam, Port-au-Prince oder Kalkutta geboren, muss nicht wie Menschen in Aleppo oder Mossul meine Heimat verlassen oder in Italien oder auf Haiti befürchten, dass mich morgen ein Erdbeben erwischt. Ich habe ein gutes Blatt gezogen im Spiel des Lebens. Im Skat würde man sagen, fast schon einen Grand mit Vieren.

Aber ich weiß auch, ich habe nur dieses *eine* Blatt, und die Frist meines Lebens ist nun einmal begrenzt. Ich bekomme keine zweite Chance.

Wie setze ich im Spiel des Lebens das Blatt, meine Fähigkeiten, Ressourcen und Gaben ein? Ich kann sie verschleudern in der Spaß-Gesellschaft oder ich kann sie sinnvoll investieren. Denn schnell kann sich das Blatt wenden. Da kann aus Erfolg Misserfolg, aus Karriere der Absturz, aus Vermögen die Insolvenz, aus Gesundheit Krankheit, aus Glück Unglück, aus Leben Tod, aus einer leichten Herz-Dame-Partie eine Partie der Verzweiflung werden.

An dieser Stelle erzählt die Weihnachtsgeschichte: Gott hat seinen Herz-König ins Spiel des Lebens geworfen. Er, Christus, wollte *Terra Promissa*, das Gelobte Land für alle Menschen auf dieser Erde; Reich der Himmel, wie er es nannte. Jesus sah dieses Reich nicht mit arroganter imperialer Geste. Im Gegenteil: Furchtlos warf er dem religiösen und politischen Establishment und all den Reichen seiner Zeit die eigentümliche Idee hin, dass gerade jene Menschen, die vom allerniedrigsten Stand sind, das Land erben werden. „Die Mächtigen stürzt er vom Thron, die Niedrigen erhöht er." So hatte seine Mutter Maria schon von ihm gesungen, als sie noch mit ihm schwanger war.

Im Reich Gottes kommen zuerst die Ärmsten der Armen, die Milliarden Luisas zu ihrem Recht. Das sollte nach Jesu Willen nicht erst im Jenseits passieren, sondern schon auf dieser Erde. Und darum stellt er jedem von uns die Frage: Wer ist dein Herz-König? Wem gibst du das Sagen über dein Herz, über dein Leben?

Wenn Christus dein Herz-König ist, wenn er die Regie über dein Leben führt, dann kehrt vielleicht so etwas wie Ruhe und Zufriedenheit in dein Leben ein, dann entschleunigst du das eilige Hetzen nach Erfolg und Prestige und kannst ausruhen in der Nähe Gottes, in einem stillen Gebet; und dann schaust du nach unten auf die tausend Ungerechtigkeiten dieser Welt. Sie bleiben dir nicht egal.

Denn das ist die wahre Geschichte des Christentums. Weil die Mächtigen es nicht ertragen konnten, machten sie aus dem Herz-König sehr schnell den Kreuz-Buben. Und er ließ sich aufs Kreuz legen und schlagen für ein besseres Spiel der gesamten Menschheit. An diesem Programm einer neuen Jesus inspirierten Gesellschaft arbeiten wir Christen heute noch und heute mehr denn je, da weltweit Egoisten und Lügenbarone die Macht übernehmen und die Kleinen und Schwachen immer mehr auf der Strecke bleiben.

> Jesus, im Spiel des Lebens,
> bist du mein Herz-König und mein Kreuz-Bube
> zugleich,
> sie haben dich ganz schön abgezockt,
> entwürdigt, angespuckt, dornengekrönt,
> du bist mein Kreuz-Bube und mein Herz-König
> zugleich.
>
> Hilf mit, dass ich nicht zu hoch pokere,
> alles für ein bisschen mehr Reichtum verspiele,
> gib mir, dass ich – wenn ich ein gutes Blatt
> habe –
> auch teilen
> und wenn sich das Blatt zum Schlechten
> wenden sollte auf dich vertrauen kann.
>
> *(Herkunft unbekannt)*

Atem Gottes, hauch mich an,
wecke in mir deine Kraft,
die mir neue Hoffnung schafft.

Ein Hauch, der heilt

„Mama, puste nochmal!" In einer Endlosschleife wiederholte eine hochbetagte sterbende Frau diesen Satz. Ein Seelsorger hatte sie besucht, um ihr die Sterbesakramente zu spenden. Als er mit dem Salböl die Hand der Altenheimbewohnerin berührte, sprach sie diesen Satz und hörte während der gesamten Dauer des Rituals und darüber hinaus nicht mehr damit auf: „Mama, puste nochmal!"

Woran mag sich diese Frau erinnert haben? Die Wohnbereichsleiterin im Altenheim gab Auskunft über ihre Lebensgeschichte. Als kleines Kind hatte sie an der Hand ihrer Mutter Flucht und Vertreibung erlebt. Der Vater war wahrscheinlich noch in Gefangenschaft. Vielleicht hatte sich das Kind auf der Flucht verletzt und war in große Gefahr geraten. Hatte die Mutter Salbe, Medikamente, Verbandszeug? Möglicherweise hatte sie nichts als ihren Atem, um ihrem Kind Heilung und Trost zuzusprechen. „Mama, puste nochmal!"

Natürlich kann die Mutter nicht an die Stelle der Ärzte treten und ihr Kind medizinisch kurieren. Indem sie das Kind tröstet, in die Arme schließt, streichelt und über die Wunde haucht, wendet sie sich der Seele zu, die durch die körperliche Wunde auch tief verletzt ist.

Denn die kranke Seele fragt sich dann (zumeist) unbewusst: „Warum ist mir das passiert? Welche Bedeutung hat mein Leben jetzt noch? Wo liegt der Sinn? Wer mag mich noch? Wo komme ich an mit meinem Leben, finde ein Zuhause?"

Die Mutter schenkt dem Kind alles, was sie noch hat, ihren Atem und damit ihre Seele. Denn in der hebräischen Sprache ist das Wort für Atem dasselbe wie für Seele.

Möglicherweise ist der alten Frau im Altenwohnheim diese Erfahrung in ihrem Verstand über all die Jahrzehnte ihres Lebens nie präsent gewesen. Aber die Seele hat sie nicht vergessen. Und jetzt, in der Todesgefahr im hohen Alter, kann sie auf diese Ressource zurückgreifen: „Mama, puste nochmal!" Den früh erlebten Atem der Mutter kann sie jetzt anschließen an den großen Atem Gottes. Denn Gott ist für uns Mutter und Vater.

Die aus der Biographie der alten Frau vermutete Erfahrung erinnert mich an das Leben der kleinen Familie von Betlehem. Eine hochschwangere Frau kommt mit ihrem Mann an in einer Stadt, in der sie nur auf Ablehnung stoßen. Sie haben buchstäblich nichts, um zu überleben, nur noch einen Platz zum Schlafen im zugigen Stall bei den Tieren. Es sind die Tiere, die dem Kind einen Platz gönnen, um zur Welt zu kommen, ihren Futtertrog, den Behälter also, aus dem sie selber leben.

Wie mag diese Familie gehungert, gefroren haben. Und wie sehr mag sich das Kind in die Welt gekämpft haben in nicht steriler Umgebung, ausgesetzt allen möglichen Infektionen, mit Geschwüren und Hungerödemen? Was hatten die Eltern, um ihrem Kind Schutz und Heilung zu geben? Vielleicht auch nur den Atem, die offenen Arme, die Zuwendung und die Geborgenheit. „Mama, Papa, pustet nochmal!"

So genau kommt der Heiland zur Welt. Immer wieder betritt er auf diese Weise unseren Planeten, in den verborgenen Ställen und Hütten von Afghanistan, an den Stacheldrahtzäunen von Belarus …, selbstverständlich auch in einer Klinik oder einem Geburtshaus einer deutschen Stadt oder eines Dorfes. Betlehem geschieht 365 Tage im Jahr an unendlich vielen Plätzen dieser Welt. Andauernd kommt der Heiland, sucht nach Herberge in Häusern und in Herzen, will sich bergen im mütterlichen und väterlichen Atem dieser Welt.

Auf einer ihrer Deutschlandreisen hielt Mutter Teresa in der Beethovenhalle in Bonn eine Rede, in der sie von der Arbeit ihrer Schwestern der Nächstenliebe in der ganzen Welt berichtete.

Ganz still wurde es im Saal, als sie zum Schluss erzählte, wie sie einmal in den Müllstraßen von Kalkutta ein Kind aufgelesen hatte, das ganz abgemagert war und die Symptome von Mangelernährung und allen möglichen Krankheiten an seinem Leibe trug. Sie brachte es in ihrem Heim für verlorene Kinder unter.

Aber das Kind lief wieder weg. Die Schwestern fanden es bettelnd in den Slums. So wiederholte sich das mehrmals. Warum und wohin flüchtete das Kind? Es hatte doch bei den Schwestern alles, was es zum Leben brauchte: ein kleines Bett, Kleidung, Essen? Schließlich ging man dem Kind nach und sah, wohin es lief, zu seiner Mutter, deren einziges Zuhause ein Baum war, unter dem sie hockte, selber abgemagert bis auf die Knochen. Die Mutter konnte dem Kind keine Nahrung geben, keine Milch. Aber die Sehnsucht nach mütterlicher Geborgenheit war stärker als Hunger und Durst. „Mama, puste noch mal!"

Wie bei unserer Altenheimbewohnerin ist die Mutter letzte Sicherheit. Darum suchen diese Kinder nach Rückbindung an ihre Basis. Das lateinische Wort für Rück-Bindung heißt *Re-Ligio*. Im Innern der hochbetagten Frau, also in ihrem Erinnern lebt die Basis ihrer Mutter und hilft ihr, den Weg in die ewige Mütterlichkeit ihres Schöpfers zu finden, wo sie nach christlichem Glauben auch ihre irdische Mutter wiedertrifft.

Der Heiland

Immer wieder wird er Mensch geboren,
Spricht zu frommen, spricht zu tauben Ohren,
Kommt uns nah und geht uns neu verloren.

Immer wieder muss er einsam ragen,
Aller Brüder Not und Sehnsucht tragen,
Immer wird er neu ans Kreuz geschlagen.

Immer wieder will sich Gott verkünden,
Will das Himmlische ins Tal der Sünden,
Will ins Fleisch der Geist, der ewige, münden.

Immer wieder, auch in diesen Tagen,
Ist der Heiland unterwegs, zu segnen,
Unsern Ängsten, Tränen, Fragen, Klagen
Mit dem stillen Blicke zu begegnen,
Den wir doch nicht zu erwidern wagen,
Weil nur Kinderaugen ihn ertragen.

(Hermann Hesse)

„Jedes Kind bringt die Botschaft,
dass Gott die Lust am Menschen
noch nicht verloren hat."
(*Rabindranath Tagore*)

Das Kind beschützen

Eine Passantin begegnet auf dem Bürgersteig einer jungen Familie mit einem Kleinkind und bittet, einen Blick in den Kinderwagen werfen zu dürfen. Ihr spontaner Kommentar: „Ach, ist das aber ein süßes Baby!"

Alle Kleinkinder sind nett, niedlich, herzig, süß, unschuldig. Sie wecken in uns Erwachsenen alle Beschützerinstinkte. Denn im Unterschied zum Tier, zum Fohlen z. B., das direkt nach der Geburt auf vier Beinen steht und vor Gefahren fliehen kann, sind kleine Kinder ausgesprochen hilflos und auf die Achtsamkeit der Eltern angewiesen.

Diese Schuld- und Hilflosigkeit erfährt in unserer christlichen Weihnachtsgeschichte noch eine Steigerung. Von kaltherzigen Herbergsvätern abgelehnt, muss Maria ihr Kind in der Wildnis im Stall bei den Tieren zur Welt bringen. Ein Futtertrog wird sein erstes Zuhause.

Aber genau dieses wehrlose „kindlich-göttliche" Leben ruft von allen Seiten Beschützerinstinkte auf den Plan. Die Hirten, die selbst zu wenig zum Leben und zum Sterben haben, eilen herbei, geben, was sie haben, vor allem Zuwendung. Engelscharen umstrahlen das

Kind, um den großen Traum von der Verbindung von Himmel und Erde zu behüten. Magier, Wissenschaftler wahrscheinlich, aus dem Osten, legen vor diesem schwachen Stück Leben ihre wissensschweren Kronen nieder, als wollten sie sagen: Vor dem Wunder der Geburt und des Lebens können wir nur noch staunen.

Nach dem indischen Dichter und Mystiker Tagore kommt in jedem Kind etwas von Gott zur Welt, das es zu beschützen gilt für ein ganzes Leben. In den ersten Lebensmonaten und Jahren ist es deutlich zu spüren. Im Kleinkind leuchtet nicht nur die göttliche Unschuld, sondern vor allem das Urvertrauen auf, das im Grunde ein anderer Name für Gott ist.

Es ist so traurig, dass die Lebensgeschichte von uns Menschen oft die Geschichte eines enttäuschten Urvertrauens ist. Mir erzählte eine Frau: „Nie vergesse ich, dass ich schon im Kindergartenalter einer Freundin ein Geheimnis anvertraut hatte. In mir zerbrach eine Welt, als ich feststellte, dass sie es gleich anderen weitererzählt hatte, die mich dann dafür auslachten."

Als Kinder haben wir gelernt ‚Du sollst nicht lügen', um dann feststellen zu müssen, dass Erwachsene um des eigenen Vorteils willen oft wie gedruckt lügen. Offenheit, Ehrlichkeit und Wahrhaftigkeit sind wichtige Schutzpfeiler, um das Urvertrauen im Leben von Kindern zu bewahren.

Das gilt auch für das Gottvertrauen. Vor einigen Jahren hielt ich einen Grundschulgottesdienst zum Thema Beten. Nach der Messe kam ein vielleicht achtjähriger Junge auf mich zu und gestand: „Herr Pastor, ich bete jeden Tag ganz feste, dass der neue Freund von meiner Mutter die Nelly nicht immer schlägt. Aber der liebe Gott hilft einfach nicht." Ich fragte: „Wer ist denn Nelly?" Die Antwort schoss aus dem Kind heraus: „Nelly ist mein Hund. Und der schlägt die immer. Das kann ich nicht haben."

Mir wurde sofort klar, dass das Vertrauen dieses Kindes in Gott sich gerade verabschiedete. Ich versuchte ihm zu erklären, dass Gott nicht von oben in die Welt eingreifen kann, in diesem Falle also in die Wohnung der Familie einbrechen würde, um dem „bösen" Freund der Mutter Einhalt zu gebieten. „Gott", sagte ich dem Jungen, „kann der Nelly nur durch dich helfen. Wenn du so mutig bist, deiner Mutter zu sagen, dass es dir sehr weh tut, wenn der Hund geschlagen wird, kann sich vielleicht etwas ändern." Danach habe ich mit dem Jungen ein Gebet in diesem Sinn gesprochen: „Lieber Gott, gib diesem Kind die Kraft und den Mut, für Nelly zu kämpfen und mit seiner Mutter zu sprechen."

Vier Wochen später vor dem nächsten Schulgottesdienst kam der Junge strahlend auf mich zu und erzählte, dass er mit der Mutter gesprochen habe und der Hund jetzt nicht mehr geschlagen würde.

Schützen wir das Vertrauen zu Menschen und das Gottvertrauen in unseren Kindern, dann schützen wir es auch in uns. Denn frei nach H.D. Hüsch: „Wir sind und bleiben Gottes Kind, auch wenn wir schon erwachsen sind."

Bei Taufgesprächen spreche ich mit Eltern und Paten über dieses lebensnährende Urvertrauen und versuche, das alte Taufritual von der Absage an den Satan, also der

Macht des Bösen, und den Glauben an Gott im Sinne
von Beschützen neu zu deuten. Der Text klingt dann so:

Widersagen Sie dem Bösen?
Wollen Sie also Ihr Kind bewahren vor Struktu-
ren,
die Neid, Hass und Abhängigkeit schüren
und den Eigennutz an die erste Stelle setzen?
Widersagen Sie also der Eingrenzung unserer
Freiheit
und der Freiheit anderer Menschen?

Widersagen Sie den Verlockungen des Bösen?
Wollen Sie Ihr Kind beschützen
vor einem Denken und Handeln,
das allein Leistung
und Ellbogenverhalten belohnt?
Widersagen Sie wahllosem Konsum
von materiellen Gütern, Medien
und von menschlichen Beziehungen?

Widersagen Sie der Urkraft des Bösen?
Wollen Sie Ihr Kind behüten
vor Vereinzelung, dem Schweigen aus Angst,
der Resignation, die die Welt
dem Spiel der Mächtigen überlässt?
Widersagen Sie dem Machbarkeits-
und Größenwahn dieser Generation,
die sich daran macht, selbst Leben zu reprodu-
zieren?

Glauben Sie an Gott,
den Schöpfer des Himmels und der Erde,
an Gott, der/die für uns Vater und Mutter ist,
der/die allein das Leben und
die Schöpfung in Händen hält?
Glauben Sie, dass Gott die Welt geschaffen
hat in Milliarden von Jahren und sie
immer noch weiter schafft
als ein Wunder von Schönheit und Pracht?

Glauben Sie, dass Gott in
Jesus Christus Mensch geworden ist?
Dass er uns in ihm vorgelebt hat,
wie wir Menschen leben können:
nahe beieinander in Schmerzen,
Leiden und Freuden, friedvoll und entschieden,
zärtlich und herausfordernd?

Glauben Sie an die Geisteskraft Gottes?
Glauben Sie, dass diese Kraft Raum
gewinnen kann in Ihrem Leben und Denken,
in Ihren Hoffnungen und Gebeten,
und dass wir mit dieser kämpfen können
für eine bessere Welt?
Glauben Sie an die Auferstehung der Toten,
dass also kein Mensch im Tod verloren ist,
sondern eine neue, endgültige Gemeinschaft findet?
Glauben Sie, dass die christlichen Gemeinden
Trägerinnen dieser Hoffnung sind
und die Menschen zu Gott führen können?

„Die Jungfrau züchtigt das Jesuskind ..."
(Gemälde von Max Ernst)

Kindheitstrauma

„Wer nicht hören will, muss fühlen." Mit diesem Grundsatz wuchsen Kinder noch in den Fünfziger- und Sechzigerjahren auf. Manche hörten diesen Satz täglich von Eltern, Lehrern, Erziehern. War das Inhalt einer schwarzen Pädagogik nach dem Vorbild von Struwwelpeter, die nicht selten mit körperlichen Strafen arbeitete? Oder stand dahinter die Erkenntnis, dass der Mensch viel stärker über das Gefühl als über das Hören und die verstandesmäßige Erkenntnis lernt? Und dieses Gefühl ist vorwiegend ein seelisches Fühlen. Wenn wir Kinder bei uns zu Hause den Teller nicht leer aßen, das Schulbrot wegwarfen oder im Tornister verschimmeln ließen, dann mussten wir fühlen, dass das nicht in Ordnung war und durften z. B. abends nicht am Abendessen teilnehmen und mussten hungrig ins Bett gehen. Aber schlimmer als der körperliche Hunger war die seelische Beschämung, dieses Gefühl, ausgegrenzt zu sein.

In der Schule und leider auch in kirchlichen Einrichtungen war die Prügelstrafe an der Tagesordnung. Kam man nach Hause und erzählte davon, dann gab es noch eine Strafe zusätzlich. Denn der Lehrer und der Priester hatten ja immer Recht. Kinder hatten keine Rechte.

Dass Kinder dann schnell zu Opfern von Missbrauch auf allen Ebenen wurden, liegt auf der Hand. In der katholischen Kirche hat diese Mentalität dazu geführt, dass man in der Regel das System und damit die Täter schützte, aber die Opfer nicht im Blick hatte.

Wer nicht hören will, muss fühlen. Manchmal frage ich mich, ob dieser Grundsatz einer schwarzen Pädagogik auch vor 2000 Jahren gegolten hat, zum Beispiel in der Heiligen Familie? Ein Aufschrei der Empörung ging durch fast alle Teile der Gesellschaft, als zu Weihnachten 1926 der Künstler Max Ernst ein Bild mit dem Titel veröffentlichte: „Die Jungfrau züchtigt das Jesuskind." Auf dem Bild sieht man, wie die Gottesmutter ihr Kind über das Knie legt und ihm den Hintern versohlt. Die Haut des Kindes ist schon wund. Der Heiligenschein ist heruntergefallen und liegt am Boden. Ein Skandal, die weihnachtliche Idylle so zu zerstören. Das rief nicht nur fromme Christen auf den Plan, sondern auch viele, die sonst mit Glauben und Religion wenig unterwegs waren.

Ich kann nicht wissen, ob Max Ernst mit diesem Bild bewusst provozieren, bürgerliche Rituale als scheinheilig entlarven oder sonst wie zur Diskussion anregen wollte. Von mir kann ich sagen, dass ich nach dem ersten Betrachten auch schockiert war und dieses Bild aus meinem Bewusstsein verdrängt habe. Allzu heftig zerstörte es meinen Kinderglauben und die wunderschöne Idylle von Betlehem. Heute sehe ich das Gemälde anders, weil ich die biblischen Geschichten nicht nur historisch, sondern vor allem symbolisch verstehe als Impuls, die Lage vieler (schlagender und geschlagener) Menschen wahrzunehmen.

So gesehen fordern das Bild und die Jesusgeschichte mich auf, das Schicksal so vieler Kinder und Menschen auf dieser Welt zu sehen.

Dann steht die Gottesmutter auch für die unzähligen 13-,14-,15-jährigen Mütter, die ein Kind bekommen und oft nicht mal den Namen des Vaters nennen wollen, weil sie Angst vor ihm haben.

Dann habe ich jene junge Mutter vor Augen, deren dreimonatiges Kind die Nachbarn so lange schreien hörten, bis sie das Jugendamt verständigten. Man fand dieses Kind mit blauen Flecken und Striemen auf der Haut. Ein Kind gerät ins Trauma, weil die Mutter schon lange vorher traumatisiert war.

Wenn solche Eltern Kinder schlagen, dann aus Überforderung und nicht, weil sie irgendwelchen pädagogischen Grundsätzen folgen.

Ich könnte hier viele Geschichten von entrechteten Kindern erzählen, z. B. von Millionen von Straßenkindern in der Einen Welt.

Ich traf Alberto im Süden Brasiliens, einen 12-Jährigen, der auf der Straße lebte. Alberto wollte ein paar Pesos von mir. Als ich sie ihm nicht gleich gab, trat, spuckte er, schlug mich und verschwand wütend, heulend und zähneknirschend. Fünfzehn Minuten später stand er wieder vor mir als der freundlichste Junge der Welt. Da verstand ich, dass er mich geschlagen hatte, weil er unzählige Male vorher selbst geschlagen worden war, von Eltern, vom Straßenhändler, der ihm kurz Arbeit gab, von den Kinderbanden ... Ich gab ihm im Bahnhofsrestaurant einen Teller Spaghetti aus. Den verschlang er, als gäbe es für ihn kein Morgen mehr. Gab es vielleicht auch nicht, denn solche Kinder leben von der Hand in den Mund.

Alberto ging mir seitdem nicht mehr von der Seite, wollte am Ende mit mir nach Deutschland fliegen. Tränen hatte er zum Abschied in den Augen. Da begriff ich wieder mal: Hinter jeder Faust steckt eine wimmernde Seele.

Für solche Kinder und Menschen, auch für die Opfer des Missbrauchs nicht nur in der katholischen Kirche, ist der Heilgenschein des Jesuskindes herabgefallen. In Jesus wird Gott zum „heruntergekommenen Gott", der sich zuerst findet auf der Straße, in den Frauenhäusern, den Psychiatrien, den Menschen am Rand. Als der große katholische Theologe Karl Rahner noch in Wien lebte, besuchte er regelmäßig das Obdachlosenasyl in der Blindengasse, um mit den dort gestrandeten Menschen ein paar Stunden zu verbringen. ‚In der Uni rede ich von Gott, in meiner Kammer schreibe ich von ihm, in der Blindengasse begegne ich ihm (und zwar ohne Heiligenschein).' So könnte man dieses Credo Rahners beschreiben.

Was ich aus der Betlehems-Geburt und aus dem provozierenden Bild von Max Ernst lerne: Treten wir ein für die Frauenrechte, die in so vielen Ländern dieser Welt mit Füßen getreten werden. Tun wir alles für die Rechte der Kinder auf dieser Erde. Werden wir z. B. Mitglied in der UN-Kinderrechtskonvention oder bei *terres des hommes* oder *terres des femmes*.

Und machen wir Druck auf unsere Politiker zur Aufnahme von Kinderrechten in unserem Grundgesetz,

nachdem in der letzten Legislaturperiode ein entspre-
chender Antrag wieder mal gescheitert ist.

Meditation

Der Engel des Herrn brachte
die Botschaft am Abend:
„Ein Kind wirst Du empfangen,
einen Sohn wirst Du gebären:
Friedensfürst, Retter seines Namens."
Und Maria hob den Kopf
und sagte JA.
Und das Wort ist Fleisch,
ist Mensch geworden.
Gott, jetzt bitten wir dich:
Werde wieder Fleisch, Mensch,
in diesen Menschen, die –
wie einst Rahel in Rama –
lautes Klagen und Wehgeschrei anstimmen
und sich nicht trösten lassen.

Und noch einmal bitten wir dich Gott:
Werde wieder Mensch
in Alberto und seiner Mutter Julia,
und in Pepe, dem Vater,
der sich aus dem Staub gemacht hat,
werde Mensch durch Cornelia und Jan,
die sich so sehr sehnen nach einem Kind,
werde Mensch in den verwaisten Eltern,
die ihre große Hoffnung lassen mussten,

und in den Embryonen und Babys,
die zu Sternenkindern wurden,
werde Mensch in Myanmar und Belarus,
in der Ukraine und in Afghanistan,
und in den mutigen Menschen in aller Welt,
Mensch in den vergewaltigten Frauen,
in den traumatisierten
und um das Leben Betrogenen,
den missbrauchten Kindern,
Frauen und Männern.

Der Engel des Herrn kam am Abend.
Ja, komm, Gabriel, Kraft Gottes, wie du heißt,
komm, lass diese Menschen nicht länger warten,
bis endlich Fleisch und Mensch *Frieden* werden.

„Rede nur, wenn du gefragt wirst.
Aber lebe so, dass du gefragt wirst."

(Paul Claudel)

Warum bist Du so anders?

Sabine, eine sympathische und sehr herzliche Frau, arbeitet und lebt als Pädagogin in einer Kinder- und Jugendhilfeeinrichtung. Von den Kindern und Jugendlichen ihrer Einrichtung sagt sie, dass sie verlernt hätten zu lieben, zu vertrauen, sich zu öffnen, sich zu freuen oder einen positiven Blick aufs Leben zu richten. Die Wurzeln ihres Lebens seien oft in der entscheidenden Phase der Bindung gekappt worden. Sie hätten dieses Gefühl, geliebt und erwünscht zu sein, nicht erfahren. Die Seele sei verkümmert und vereinsamt. An der Stelle des Herzens und der Seele trügen viele Bewohner*innen oftmals einen harten kalten Stein.

Zu Sabine sagten zwei Mädchen einmal: „Sabine, warum bist du so anders als wir?" „Wieso anders?" fragte sie zurück. „Ja, du bist so cool, immer gut drauf. Und wir eiern so rum im Leben, haben ständig schlechte Laune, mögen uns und andere nicht leiden? Woran liegt das, dass das bei dir anders ist?" Sabine antwortete: „Das liegt an meinem Freund. Damit meine ich aber nicht zuerst einen Menschen, sondern den Vater im Himmel. Ich fühle mich von ihm getragen, bei ihm geborgen. Manchmal spreche ich mit ihm. Dann kann ich ihm alles sagen, was ich auf dem Herzen habe. An ihn abzugeben, das entlastet mich." Die beiden Mädchen hatten von diesem Vater in ihrer Lebensgeschichte nie etwas gehört, wurden aber neugierig und fragten: „Wie können wir deinen Vater im Himmel kennenlernen?" Sabine nahm die Mädchen immer mal wieder mit zu *Nightfever* in die Stadtkirche. Der Kerzenschein, die Atmosphäre, die unter die Haut gehenden Lieder, die Freundlichkeit der Menschen berührten die Mädchen so sehr, dass sie damit und mit Gott in Berührung bleiben wollten.

Ein anderes Mal fragte ein 15-jähriger Bewohner Sabine: „Wie kannst du immer so fröhlich sein?" Sie antwortete ihm: „Weil ich weiß, dass ich nicht allein bin!" Über diesen Satz kamen sie ins Gespräch und der Bewohner konnte sich nicht vorstellen, nicht allein zu sein. Er selbst fühlte sich pausenlos allein, die große Leere machte ihm Angst. Von Sabine wusste er, dass sie fest an Gott glaubte. Sie erzählte ihm, dass sie immer zum Vater im Himmel sprechen kann, in Form eines Gebetes, einer Bitte oder auch eines Hilferufes.

„Klasse!", antwortete der 15-Jährige daraufhin spöttisch und fragte: „Wann gibt dir dein Gott denn dann eine Antwort?" Sabine: „Gott ist immer für uns da, das hat er uns fest versprochen. Die Antwort ist oft schon ganz tief in mir und Gott hilft mir, sie zu entdecken! Diese Kraft gibt mir mein Glaube." Darauf der Jugendliche: „Kann man das lernen, ich will das auch?!" Sabine: „Probiere es einfach mal für dich aus, wenn es dir schlecht geht. Gib deine Sorgen ab und warte, was geschieht." Einige Tage später erzählte ihr der Jugendliche: „Ich habe das mit dem Abgeben ausprobiert. Hat fast geklappt. Ich hatte einen dicken Streit mit meiner Mutter. Wir haben uns nicht wieder vertragen, aber ich fühlte mich nicht mehr so allein wie früher."

Sabine hat eine berufsbegleitende Ausbildung zur Seelsorgerin gemacht. Sie empfindet es als einen großen Gewinn, ihre eigene Glaubens- und Lebensgeschichte in die Arbeit mit den benachteiligten Kindern und Jugendlichen einzubringen. Sie stellt fest, dass sie dafür nicht verlacht, sondern auf Grund ihrer Authentizität ernst genommen wird und den jungen Menschen Lebenshilfe anbieten kann.

Allerdings kann das nicht geschehen durch eine abgehobene Sprache. Wenn sie aus der Bibel zitiert, dann orientiert sie sich an Bibelausgaben wie der VOLX-BIBEL mit einer Sprache aus dem Alltag.

Der Anfang der Weihnachtsgeschichte klingt dann z. B. wie folgt: *„So, und jetzt kommt, wie das mit der Geburt von Jesus abgegangen ist: Seine Mutter Maria war mit einem Mann, der den Namen Josef hatte, verlobt. Obwohl sie noch nicht verheiratet waren und keinen Sex hatten, war Maria plötzlich schwanger ..."* Schon ist man mittendrin – auch in der Geschichte vieler Kinder, die ähnlich unverhofft auf die Welt gekommen waren.

Wird es dann eine Weihnachtsfeier in der Jugendeinrichtung geben, wie man sie traditionell kennt? Der Baum wird geschmückt mit Lichtern, Kugeln, Sternen und Lametta. Unter dem Baum die Krippe mit der Heiligen Familie, den Hirten, Schafen, Engeln, Ochs und Esel.

Auch Geschenke darf man auspacken. Das alles gehört dazu. Einige Bewohner*innen machen begeistert mit, andere sitzen vielleicht desinteressiert, mies gelaunt in der Ecke und klopfen dumme Sprüche.

Jetzt mache ich einfach mal ein kleines Gedankenexperiment. Ich stelle mir vor, das Jesuskind in der Krippe würde plötzlich reden und die angeblich Null-Bock-Jugendlichen ansprechen:

„Hi, ihr da in der Ecke. Ja, euch meine ich. Habt ihr schon gemerkt, dass ich heute Geburtstag habe. Wollt ihr mir nichts schenken? Du, Gianni da vorne, hast du kein Geschenk für mich?"

Gianni: „Hab ich nicht. Hatte kein Geld, etwas zu kaufen. Und was basteln ist mir zu doof."

Jesuskind: „So etwas brauche ich auch nicht, was man im Laden kriegen kann. Ich will die Note von deiner letzten Klassenarbeit."

Gianni überrascht: „Aber die war doch sechs."

Jesuskind: „Gerade deshalb will ich sie ja haben. Kostbare Sachen habe ich schon genug. Die Leute überhäufen mich damit in ihren Kirchen, mit Gold und Weihrauch, Edelsteinen und Figuren. Ich bin aber gekommen, das zu nehmen, was dir schwer auf dem Herzen liegt, wofür du dich schämst und es nicht einfach cool überspielen kannst. Ich will es dir nehmen und dir Mut machen und dir sagen: Ich mag dich trotzdem, trotz deiner Sechs."

Jesuskind: „Und du, Tim, kannst mir auch was schenken."

„Ja," wundert sich Tim, „was denn?"

Jesuskind: „Na, die schäbigen unterirdischen Worte, die du gestern zu Alexa gesagt hast, so dass sie den ganzen Nachmittag geheult hat."

Tim: „Was willst du denn damit?"

Jesuskind: „Ich will sie verwandeln, dir den Mut geben, zu Alexa zu gehen und dich zu entschuldigen. Das hilft euch beiden."

Jesuskind: „Und von dir, Gitta, will ich die bösen, hasserfüllten Blicke, die dir gestern nach dem heftigen Streit dein Vater zugeworfen hat, und von dir Bastian die blauen Flecke, die du an Max ausgeteilt hast und die er dir zugefügt hat bei eurer letzten Prügelei. Ich will das alles haben, weil ihr sonst doch so recht nicht wisst, wohin mit alledem."

So ein Krippenspiel passt vielleicht in die Jugendeinrichtung und vielleicht auch dieses *Abendgebet einer Erzieherin*:

> Lieber Vater im Himmel,
> wieder so ein Tag mit den Kindern in diesem
> Haus,
> der so viele Nerven und Energien gekostet hat,
> nimm von mir diesen Tag,
> nicht, dass ich die jungen Menschen vergesse,
> aber dass du mir und ihnen die Lasten nimmst,
> denn es sind doch vor allem deine Kinder,
> und du hast dich selbst zum Kind gemacht,
> armselig auf Stroh gebettet,

133

abgelehnt, verstoßen wie sie
kennst du ihre Leiden und Wunden.
Aber in dir ist die Kraft der Verwandlung,
so berühre ihr Herz und mein Herz
und lass uns ruhig schlafen.

„Eine Brücke lasst uns bauen
von hier bis an des Himmelsrand,
eine Brücke aus Vertrauen,
jedem Volke jedem Land."
(Josef Reding)

Die Brücke

Sein täglicher Schulweg führte ihn durch die Landes-
gartenschau. „Mensch, Martin, pass doch auf!", schrie
Olli, der ihn fast mit seinem Scooter angefahren hätte. Martin war in sich versunken. Seine Stimmung war
heute genauso trüb und so grau wie dieser Januartag.
Die Schritte wurden auch immer langsamer.

Auf der Brücke – kurz vor Toldo, der Eisdiele – blieb
er stehen. Er hängte sich mit seinen Armen über das
Geländer und schaute in das gemächlich dahinfließende
Wasser der Umflut. Verzerrt sah er sein eigenes Spiegelbild. In Gedanken war er noch in der Schule.

Es war der erste Tag nach den Weihnachtsferien, und
Frau Weber, die Religionslehrerin, hatte gesagt: „Zu
Weihnachten hat Gott eine Brücke in unser Herz ge-
baut."

Martins Gesicht verzerrte sich noch mehr. Zwischen
den Zähnen zischte er hervor: „In mein Herz baut niemand eine Brücke."

Martin war erst vor wenigen Wochen mit seiner
Mutter von Senden bei Münster nach Wiedenbrück gezogen. Sie hatten es zu Hause nicht mehr ausgehalten.

Immer gab es Ärger und Streit mit dem Vater. Die Mutter wollte erst einmal Abstand gewinnen, wenigstens für ein paar Monate.

„Aber hier ist es doch auch nicht besser als in Senden", schoss es Martin durch den Kopf. *Wie denn Brücken bauen* in dieser Stadt, die *Wiedenbrück* heißt?

Und er dachte daran, dass Olli, Yvonne, Nicole und Lisa während der Pause in der Schule miteinander UNO gespielt hatten. Gerne hätte er mitgespielt, denn UNO war sein Lieblingsspiel. Aber er traute sich nicht zu fragen. Allein saß er da in seiner Bank und hoffte sehnsüchtig, dass einer von den Vieren zu ihm aufblickte und ihn zum Mitspielen einlud. Aber nichts dergleichen geschah. Und dann schellte es auch schon, und die Pause war zu Ende.

„In mein Herz baut niemand eine Brücke hier in Wiedenbrück", wiederholte Martin zähneknirschend. „Wenn wenigstens Ricky noch da wäre." Ricky war sein kleiner Präriehund. Der hatte ihm im Käfig immer die Zähne gezeigt, und es war zu spaßig, wenn er versuchte, von Martins Finger ein Stück Schokolade zu erwischen. Ricky hatte die Umstellung wohl nicht vertragen. Nach wenigen Tagen schon war er in Wiedenbrück eingegangen. „Ich bin eben ein Pechvogel", sagte Martin leise vor sich hin, noch immer über das Brückengeländer gelehnt. „Für mich gibt's keine Brücke."

Langsam schlenderte er – noch trauriger – weiter. Er kam an der Aegidiuskirche vorbei. Und fast wie automatisch betrat er durch die rote Tür den Kirchenraum.

136

Er stieg die Treppen empor zur Krippe, die in voller Größe den ganzen Chorraum ausfüllte. Seine Augen wanderten von dem Engel hoch oben, über viele Tannen und Lichter, streiften die Hirten, die Magd, die Könige und blieben hängen bei Maria und Josef und dem Kind. „Ihr drei habt es gut", flüsterte Martin leise vor sich hin. „Ihr gehört zusammen. Ihr streitet euch wohl nie." Er spürte, wie ihm langsam Tränen in die Augen stiegen. Aber dann biss er sich auf die Lippen. „Jetzt bloß nicht heulen."

Er begann zu lachen, sah das Jesuskind so armselig in der Krippe und flüsterte spöttisch vor sich hin: „Durch dich hat Gott eine Brücke in unser Herz gebaut? Die Frau Weber, die spinnt doch." Seine Hände verkrampften sich in den Taschen. Zusammengekrümmt stand er da und sagte wieder: „Die Frau Weber, die spinnt doch!"

In diesem Augenblick sprang die Tür auf. Eine Gruppe Kinder stürmte herein. „Wir müssen das Theaterspiel für den nächsten Familiengottesdienst unbedingt noch einmal üben", hörte Martin jemanden rufen. „Aber schon wieder fehlen welche", sagte eine andere. „Vor allem die Rolle von Sven, was machen wir denn damit?!"

Ein Mädchen, das Nora hieß, sah plötzlich Martin dort stehen, so ganz allein. Sie fragte ihn: „Willst *du* nicht bei uns mitmachen? Sven vertreten? Wir brauchen dich!"

„Aber, ich weiß doch gar nicht, wie das geht", stotterte Martin. Da nahm Nora ihn bei der Hand und sagte: „Komm, ich helfe dir." Zum ersten Mal im Leben hatte Martin ein Mikrofon in der Hand und las ein kurzes Gedicht von einem Zettel. Es klappte schon ganz gut. Ein ganz klein bisschen wurde er stolz auf sich. Beim Rausgehen rief ihm Nora noch nach: „Vergiss nicht, komm Samstag wieder. Wir brauchen dich beim Gottesdienst."

Martins Weg nach Hause war noch weit. Kurz vor der Wartenbergstraße kam er zu einer anderen Brücke. Martin schaute in das Wasser. Wieder sah er sein Spiegelbild. Er wunderte sich, stand da nicht ein kleines Lächeln in seinen Augen?

„Vielleicht baut ja doch noch jemand eine Brücke in mein Herz," dachte er und schlenderte den Rest des Weges nach Hause. Jetzt war es in ihm ein bisschen Weihnachten geworden, verspätet zwar im Januar, aber immerhin.

Danksagung

Ich danke meinen Freunden Elisabeth und Heinrich Hoffman-Weber für wertvolle Tipps und die inhaltlichen Diskurse über die Themen dieses Buches sowie der Lektorin Frau Gisela Appelbaum für die stets kompetente und geduldige Begleitung.

Quellen

S. 10 vgl. L. Reddemann, Überlebenskunst, Klett-Cotta 2016, S. 88

S. 12 Mit freundlicher Genehmigung von Peter Steudtner

S. 15 E. Drewermann, Das Lukasevangelium, Bd. 1, Patmos, 2009, S. 94.

S. 41 f. vgl. Hans Rosenthal, Zwei Leben in Deutschland, Lübbe-Verlag 1987, S. 89 f.

S. 44 Dietrich Bonhoeffer, Widerstand und Ergebung, Chr. Kaiser-Verlag, 1994, S. 188.

S. 73 Frei nach Alfred Delp, Der ewige Advent, 21.12.1933 GS 1/66, 68.

S. 94 vgl. Tstsi Dangarembga, CiG Nr.44, 2021.

S. 103 Frei nach Dietrich Bonhoeffer, Widerstand und Ergebung, Chr. Kaiser-Verlag, 1994, S. 79.

S. 105 Bertold Brecht, Me-ti, buch der Wendungen, Suhrkamp Verlag

S. 106 Albert Schweitzer, Aus meiner Kindheit und Jugendzeit, C. H. Beck, München 2015, S. 36.

S. 118 Hermann Hesse: Der Heiland, in: Die Gedichte (1892-1962) Sämtliche Werke Band 10, Suhrkamp Verlag, S. 365.

Autor

Msgr. Ullrich Auffenberg, geboren 1949, ist Pfarrer im Ruhestand und lebt seit 2022 im Christlichen Bildungswerk DIE HEGGE in Willebadessen. Davor war er Referent beim Diözesan-Caritasverband Paderborn für religiös-pastorale Bildung von Mitarbeitenden in sozialen Einrichtungen sowie etliche Jahre Pfarrdechant in Rheda-Wiedenbrück, Leiter der Jugendbildungsstätte Hardehausen und der Bildungsstätte St. Bonifatius in Winterberg-Elkeringhausen.

Wie gehe ich mit belastenden Situationen um?
Was kann ich in der Krise entdecken?

Wenn in herausfordernden Zeiten das Herz schwer wird
oder die Decke auf den Kopf fällt, verändern die Erzäh-
lungen von Pfarrer und Seelsorger Ullrich Auffenberg
unseren Blickwinkel: kleine Texte voller Hoffnung und
Zuversicht führen in Weite und Vertrauen. Denn: „Mut
ist Angst, die gebetet hat" (Corrie ten Boom).

Gebunden | 152 Seiten | | € 12,90 (D) | € 13,30 (A)
ISBN 978-3-89710-884-4